LA VIE DE SOEVR
CATHERINE
DE IESVS,

RELIGIEVSE DE L'ORDRE
de NOSTRE DAME du Mont-Carmel,
estably en France, selon la reformation de
saincte Terese de IESVS.

Decedée au Conuent du mesme Ordre, dit de la
MERE DE DIEV, en la ville de Paris,
le 19. Feurier 1620.

Auec vn recueil de ses lettres & pieux escrits.

par le commandement de la Reyne Mere du Roy.

A PARIS,
Chez FIACRE DEHORS, au Mont S Hylaire.

M. DC. XXVIII.
Auec Approbation & Priuilege.

A LA REYNE
MERE DV ROY.

ADAME,

LE GRAND des
Grands a faict les Sap. 6.
Grands & les petits, *ce dit la Sapience Diuine, & ce qui est bien plus remarquable, a vn mesme soing des
petits & des Grands: C'est Dieu qui
nous annonce cette verité, Madame,
& il a choisi vn Roy, & vn grand
Roy, & le plus sage & heureux de
tous les Roys de la terre, pour nous prononcer de sa part cét Oracle, & ce Roy
l'a escrit au liure de la Sagesse, afin que
la grandeur & sagesse humaine receust*

LETTRE.

plus *volentiers cét enseignement: Ma-*
gnum & pusillú fecit Dominus, &
æqualiter illi cura est de omnibus.

2. *Puis que c'est Dieu qui parle, &*
un Roy qui escrit, cette verité sera tres-
bien receuë de vostre Majesté. Aprés
une authorité si grande & si puissan-
te, & souz laquelle plie le Ciel & la
Terre, le Temps & l'Eternité, Ie vous
diré, Madame, que les Grands & les
petits ont un mesme Dieu pour Pere,
& une mesme fin, qui est sa Gloire, &
une mesme Loy qui leur commande!
Les uns & les autres ont une mesme
entrée au monde, & une mesme issuë,
c'est à dire la Mort! Vne mesme Terre,
porte & conure les uns & les autres:
Et un mesme Ciel les doit recueillir.
Tous dependent d'un mesme Dieu ab-
solument & en mesme maniere, nonob-
stant leur estat & condition differente.
Et si Dieu cessoit de penser aux plus

LETTRE.

grands de la terre, au mesme temps ils
cesseroient d'estre. Tant les plus Grands
& plus puissans de l'Vniuers ont besoin
de Dieu, au milieu de leur Grandeur &
triomphe : Et toutesfois beaucoup d'entr'eux ont ce malheur, de penser peu à
Dieu, pour l'ordinaire.

3. Or comme tous soit grands soit petits, ont vn mesme Dieu, & vne mesme Loy ; vne mesme fin, & vne mesme
origine ; & sont semblables és choses
principales de leur nature & condition:
Tous aussi sont redeuables de mesme
hommage à Dieu : Tous le doiuent seruir, les vns en leur Grandeur, les autres
en leur petitesse : Tous par diuers chemins doiuent tendre à vn mesme but;
Et dãs les Estats dissemblables, où Dieu
les a mis, adorer vn mesme Dieu, suiure vn mesme Sauueur, regarder vn
mesme Ciel & aspirer à mesme gloire.

4. J'ay parlé autresfois à vostre Ma-

LETTRE.

jefté de la Grandeur & des Grandeurs,
où il a pleu à Dieu vous conduire &
efleuer pour vous faire voir comme en
vn tableau racourcy les graces de Dieu,
fur vous & vos deuoirs enuers Dieu.
Ce fut lors que ie vous dédié la vie de
Sainct Charles Borrhomée, Grand deuant Dieu & deuant les hommes, &
Jlluftre en la terre & au Ciel. Maintenant ie parle à V. M. de la petiteffe,
en l'honneur de cette petite Ame, dont
la vie vous eft dédiée, Ame petite deuant fes yeux, mais grande deuãt Dieu
& fes Anges, Ame incognuë au monde, mais cognuë à voftre Majefté, qui
commande à la plus belle Monarchie
du monde. Car vne des Grandeurs plus
folides que vous poffedez, eft la bonté, la
pieté, la facilité que Dieu vous a donnée: Ce qui vous difpofe à conuerfer volontiers auec les humbles & petits de la
terre, & à chercher fouuent en vne pau-

LETTRE.

ure celule, le repos qui ne se trouue point
dans les Louures & les Palais.

5. La parole sacrée qui nous instruit
auant la naissance de Iesus, & a seruy
d'entrée à ce discours, met vne sorte d'é-
galité, entre les Grands & les petits.
Mais le sacré Mystere de l'Incarnation, donne vn grand auantage aux petits par dessus les Grands. A la verité
en ce Mystere, nous y auons le Grand
des Grands, mais il y est faict petit &
humble sur la terre ! Il est sorty de sa
Grandeur, & si encores il s'est mis non
entre les Anges, mais entre les hommes;
non entre les hommes, mais entre les enfans; se faisant homme-Dieu, enfant-
Dieu tout ensemble. Et en cét humble
estat, il employe sa premiere puissance,
non sur les Grands, mais sur les petits,
mais sur vn petit enfant, caché encores
au ventre de sa Mere, lequel il va chercher & sanctifier dans les montagnes

ã iiij

de Judée. Tant il veut de bonne heure preferer les petits & prendre ses delices auec eux. Lors que le temps de sa naissance est arriué ; la grandeur & magnificence que la terre estime & cherche par tout, n'a point de part auec luy ; & l'humble petitesse y est tres-signalée. Il naist en vn Bethleem ; en vne estable, sur le foin & la paille ; entre le bœuf & l'asne ; & il prend son repos dans vne creiche : Et il donne la premiere cognoissance de luy-mesme aux pasteurs & non aux Grands. Et (pour ne pas specifier icy tous les momens de sa vie.) Disons que la fin correspond à ses commencemens : C'est à dire, l'humilité de sa Croix, à l'humilité de sa naissance : Car lors nous le voyons & adorons en vn estat qui luy faict dire à luy-mesme. Psal.21. Ego vermis & non homo opprobrium hominum & abiectio plebis. 6. Voila l'estat de nostre Sauueur! Voi-

LETTRE.

la la vie de celuy qui eſt noſtre vie. Par
ſes abbaiſſemens, nous arriuons à la
vraye Grandeur, & par ſes Myſteres,
nous trouuons le Ciel en la terre, Dieu
en l'homme : car auſſi la verité meſme
appelle ſon Egliſe en la terre le Royaume des Cieux : Et le Diſciple de la verité nous aſſeure que Dieu eſtoit en Ieſus-Chriſt, ſe reconciliant le monde à
ſoy. Par ces Myſteres, nous trouuons
& adorons la Grandeur en la baſſeſſe;
la Diuinité en l'humanité, la puiſſance
en la foibleſſe; la ſageſſe en l'enfance ; la
gloire en la Croix; la vie en la mort! C'eſt
l'exercice de noſtre foy ; c'eſt l'object de
noſtre amour; c'eſt le ſujet de noſtre ado-
ration ; c'eſt l'ouurage de noſtre ſalut.
Trouuerons-nous eſtrange que celuy
qui s'eſt fait ainſi petit, pour ſeruir à
la Grandeur de Dieu ſon Pere, cherche & ayme les petits, & ſe plaiſe à
cacher & eſtablir en leur petiteſſe ſes

graces; ses faueurs & ses merueilles; La
petitesse est Déïfiée en sa propre personne, & il l'a sanctifiée en autruy. Elle ne
peut estre esleuée en vn plus haut poinct.
Elle est establie en Iesus, elle est Diuini-
sée en sa personne, elle est adorée en sa
naissance en sa vie en sa mort. Ce n'est
pas merueille, si elle est honorée hors de
luy, & si Iesus luy donne des faueurs
& priuileges en son Royaume, en son
Estat & en sa Grace! Et si comme il l'a
rend adorable en luy, il l'a rend venera-
ble en ses suyuans. Le cours de sa vie &
ses paroles en son Euāgile, nous tesmoi-
gne de page en page & presque de ligne
en ligne, combien la petitesse est cherie
du Fils de Dieu, & de tous ceux qui
sont à luy. Il se rend petit sur la terre,
autant de iours, de moys & d'années,
que portent les periodes de la nature
nouuelle qu'il a espousée, sans se dispen-
ser d'vn seul moment en faueur de sa

LETTRE.

Nature premiere, grande & Diuine
qu'il a par sa naissance eternelle de son
pere. Il employe trente ans de sa vie en
un Ministere vil & abject entre les
hommes, tenu pour un Charpentier &
fils de Charpentier. Et lors qu'il doit
paroistre en qualité de Messie sur la
terre, sa vie & sa conuersation, est non
auec les Grands, mais auec les petits ; Il
veut que les petits viennent à luy. Il
commande seuerement à ses Apostres
de les laisser approcher de luy ! Il cherit
entretient & embrasse tendrement ces
petits, que les Apostres mesmes (qui
estoient petits eux-mesmes) tenoient in-
dignes de l'approcher ! Et il choisit les
petits, les simples, les humbles de la terre pour annõcer le Royaume des Cieux,
pour confondre les Grands, les sçauans,
les puissans du monde, & pour establir
son Empire en l'Vniuers. Ainsi il met
& l'ornement de sa grace & le fon-

dement de son Estat dedans la petitesse.

7. C'est la conduite de Jesus-Christ en
ses œuures, en son vsage, en sa conuersation familiere, & en la disposition publique de son Estat. Que si nous fueille-
tons les Euangiles, nous verrons qu'il
n'y a aucun lieu en sa saincte parole,
où il nous tire aux choses grandes & re-
leuées. Et il y en a plusieurs où il nous
conuie, & mesme nous oblige aux choses que le monde repute basses & abje-
ctes. Entr'autres, il y a vn lieu où il
semble que le Fils de Dieu veut establir
le triomphe de la petitesse & confondre
l'orgueil de la terre & du Ciel ; C'est en
Sainct Luc 9. où nous voyons le Fils
de Dieu grand & petit sur la terre, as-
sis au milieu de ses Apostres, prendre
non vn de ses Apostres, mais vn petit
enfant entre ses mains, comme le prefe-
rant en la tendresse de son amour & en

l'eſtime de certe petiteſſe à ſes Apoſtres
meſme. Contemplõs cét object & arre-
ſtons noſtre eſprit ſur toutes les parties de
cette Hiſtoire. Elle eſt bien digne de nos
penſées. Ieſus eſtoit dans les campagnes
de Galilée, reſpandãt la ſemence de grace
& de ſalut, inſtruiſant ſes Apoſtres, leur
parlant de ſa Croix & de ſa mort, &
conuerſant priuémẽt auec eux. Ieſus pe-
netrant leurs penſées, appelle vn enfant
puellum, ce dit la langue originale, il le
met au milieu de ſes Apoſtres, il l'embraſ-
ſe & careſſe ; & veut apprendre à ſes
Apoſtres vne leçon nouuelle digne de luy
& de ſa Croix, & fondamentale à leur
Apoſtolat. Nous auõs à remarquer que
Ieſus eſtoit d'ordinaire au milieu des A-
poſtres, & c'eſt ſa place que les Euange-
liſtes luy aſſignent, mais maintenant c'eſt
vn enfant qui tient la place de Ieſus, &
qui eſt au milieu des Apoſtres, Statuit
cũ in medio eorũ, ce dit S. Matthieu,

LETTRE.

*& Sainct Marc specifie nommément
que ceux-là estoient les douze,* vocauit
duodecim, *&c. Iesus estoit l'object
que les Apostres deuoient regarder &
suiure. Et maintenant Iesus leur faict
contempler cét enfant, le rĕd leur exem-
plaire: Et par cét enfant, il veut instrui-
re ceux qu'il prepare & destine à estre
les Docteurs & Pasteurs de l'Vniuers.
Iesus estoit la plus digne personne de la
terre & du Ciel, puis que souz l'humanité sa personne est Diuine & in-
creée: Et partant la meilleure place du
Ciel & de la terre, & la plus souhaitable estoit la plus proche de Iesus; C'e-
stoit donc pour lors celle que tenoit ce petit enfant: car il estoit entre les bras de
Iesus, en son sein, & proche de son
cœur,* Complexus illum *ce dit Sainct
Marc,* Statuit illum secus se, *ce dit
Sainct Luc. Et toutesfois cette place
d'honneur & d'amour singulier, cette*

place si digne & si fauorable en la tendresse & familiarité de Iesus est lors
donnée non aux Grands du Ciel & de
la terre, non à vn Ange ou à vn Apostre, mais à vn enfant, & elle est reser-
uée à cét enfant, en faueur de son enfance & de sa petitesse. Il semble en cette
action que le Fils de Dieu veut à la
veuë du Ciel & de la terre loger la petitesse en son sein, comme dans le Throsne de son amour, & en cette liaison douce tendre & familiere qu'il prend pour
lors auec ce petit enfant, prononcer ses
Oracles en faueur de la petitesse, & luy
assujettir les plus Grands de son Empire. Car Iesus en ce doux & humble
estat, tenant ce ieune enfant entre ses
bras, addresse sa parole à ses Apostres,
& les oblige eux-mesmes à estre comme
ce petit enfant, tendrement embrassé &
cherement logé au sein de Iesus. C'est
chose grande & douce de veoir Iesus,

LETTRE.

où repose la plenitude de la Diuinité *&*
de la sapience Eternelle en cét estat: de le
veoir joinct à ce petit enfant, *&* de
veoir cét enfant joinct à Iesus. Enfant
heureux d'estre en vn si bon lieu, *&* si
proche du cœur, où repose *&* triomphe
la Trinité mesme. Mais si cette pensée
est douce *&* grande, le sens où elle conduit est fort *&* seuere, l'effect en est puissant *&* la fin semble estrange : car Iesus par son action *&* sa parole, abbais-
se non seulement les Grands de la terre
(ce seroit peu:) mais les Grands mesmes
de son estat Diuin *&* cœleste. En leur
presence il loge la petitesse dans son sein,
comme dans vn Throsne *&* dans vn
Throsne qui luy est deu, puis qu'elle est
establie des-ja dans sa personne propre,
reuestuë de nostre bassesse *&* mortalité!
Il n'exhorte pas seulement, mais il oblige les plus Grands en sa Grace *&* en son
Estat : C'est à dire ses Apostres, à estre

comme

LETTRE.

comme ce petit enfant! Il leur prononce
cét Arrest espouuentable, & cette ñega-
tiue formidable. Nisi efficiamini sicut
PARVVLI non intrabitis in regnũ
cœlorum. *Et il leur manifeste qu'il
veut assujettir non seulement les Grandeurs, perissables de la terre, Mais les
Grandeurs mesmes les plus esleuées en sa
grace; & les Dignitez plus florissantes
de son Estat, c'est à dire l'Apostolat à
l'humble petitesse recommandée si haut-
ement, si dignement & si puissammẽt
en cette sienne Parole. Car l'Estat Apo-
stolique est le plus grand Estat de là
Couronne de Iesus, la plus grande charge de sa maison, & le plus grand Office de son Empire. Qui a t'il de plus puissant & de plus doux tout ensemble, en
faueur de la petitesse? Cét Oracle nous
doit espouuenter, & ce spectacle nous
doit tirer les larmes des yeux, fondre
l'orgueil dans la douceur de Iesus, fa-*
ẽ

Math. 18.
Marc. 9.

uorable aux petits, confondre les plus
Grands, & abbaisser les plus hauts ce-
dres du Liban pour iamais, & les mettre aux pieds de Iesus, & des petits de
Iesus sur la terre.

8. C'est ainsi que Iesus l'humble Fils
de l'humble Marie, agit & parle en faueur des petits & de la petitesse ; mais si
delaissant le cours de nos Mysteres &
la conduite du Fils de Dieu en la grace,
nous reuenons à la nature, & nous re-
montons plus haut, iusques à la crea-
tion & à l'origine de nostre estre, Nous
verrons dés l'entrée de l'Vniuers, le partage que Dieu fait aux Grands & aux
petits. Les uns portent sa Iustice, &
les autres sa Misericorde : Car le grand
Dieu ayant creé deux natures, l'une
grande, forte & puissante, (c'est à dire
la nature Angelique, laquelle il a mise
aussi au Ciel, lieu conforme à la grandeur de cette condition esleuée,) l'autre

LETTRE.

nature basse & petite & tirée de la fan-
ge, qui est l'homme, (lequel aussi il a mis
en la terre) Il a voulu exercer la rigueur
de sa Iustice sur l'vne, & l'excez de sa
Misericorde sur l'autre. Et si nous voulons nous restraindre dans le seul ordre
de la Nature, nous voyons que Dieu a
voulu rendre sa puissance plus signalée
dans les choses petites, que dans les choses grandes, & ces beaux esprits qui ont
dressé l'Histoire de la Nature, recognois
sent ingenuëment & remarquent Di-
uinement selon leur langage, que la Nature (c'est à dire) selon nous, la Nature des Natures & l'Autheur de la Nature (mais puis que nous les alleguons
pour tesmoins, demeurons dãs leurs termes, & disons cõme eux, & auec eux:)
que la Nature est plus industrieuse &
remarquable dans les plus petites parties de l'Vniuers, comme dans les mou-
cherons, les formis & les abeilles, que

é ij

Plin. lib.
Natur.
Hist.

dans les lyons, les elephans & les balei-
nes.

9.   Que si dans l'œuure de la Nature,
qui ne regarde que la puissance & la
grandeur de son ouurier, les choses petites ont auantage pardessus les grandes,
combien à plus forte raison dans l'ordre
de la Grace qui regarde pour son centre
& origine, l'abbaissement & l'aneantissement d'vn Dieu qui se fait homme
pour les hommes, & qui s'auilit iusques
à la Croix & à la mort, L'humble petitesse aura des auantages auprés de luy,
pardessus la grandeur & la magnificence de ceux qui seruent de lustre & ornement au monde, Les vns ont part à la
graisse de la terre ; & les autres à la ro-
see du Ciel : Les vns sont exposeꝪ sur
les Theatres & dans les Palais, & les
autres sont cacheꝪ dans les cauernes de
la terre & dans les Cloistres. In cauer-
Hebr.11.   nis terræ, ce dit l'Apostre, mais les vns

seront vn iour iugez par les autres, &
iugez au poinct decisif de leur Eternité.
10. Ces pensees nous obligent à reuerer
les humbles, & les petits honorez de
Dieu, & mescognus du monde. Ils sont
le thresor du Fils de Dieu. C'est le fruict
principal de ses labeurs. C'est son amour
& ses delices. C'est son entretien plus
familier. C'est sa plus douce conuersation. Et c'est aussi l'œuure qu'il fait par
luy-mesme, & non par autruy. Il les
choisit luy-mesme, (Ego elegi vos) il
les separe du monde, il les appelle à soy,
& leur dit cette parole, venite ad me,
à moy (leur dit-il) & non ailleurs,
à moy & non à choses moindres que
moy ; à moy & à ma propre personne, & non seulement à mes biens &
à mes grandeurs. C'est l'object, c'est
la vie de ces ames petites que le monde ne cognoist point, & que les Anges reuerent, & que le Fils de Dieu

cherit. *Il en prend soin luy-mesme.
Il les enclost en ses demeures. Il les
nourrit de sa parole. Il les console de
sa grace; Il leur déploye ses grandeurs.
Il leur ouure ses Mysteres. Il leur dé-
couure ses secrets. Et ce qui est caché aux
plus Grands, est reuelé aux plus petits:*
reuelasti ea paruulis. *Bref, il leur donne son esprit, il les rend semblables à soy,
& pour les entretenir plus priuémēt &
plus frequemment il les loge en sa maison, en son cabinet, au plus secret de son
Tabernacle (* in abscondito taberna-
culi sui,) *au coing de ses Autels, c'est à
dire aux lieux plus sacrez de sa maison:
Dont s'escrie le Prophete,* altaria tua
Domine virtutum, &c. *Quel soing,
quelle douceur; Quelle priuauté, le plus
secret, le plus sacre de la maison de Dieu,
est leur demeure, mais il y a plus encores,
il les met en son sein & leur ouure son
cœur, comme nous auons veu au texte de*

LETTRE.

Sainct Marc & de Sainct Luc 9.
11. Voſtre Majeſté qui en ſa Grandeur a touſiours pris plaiſir de conuerſer
auec les ames humbles & petites, a cogneu pluſieurs de ces petits en la terre,
que Dieu fait grands au Ciel, & elle en
a cogneu quelques-vnes dans l'Ordre
des Religieuſes de Noſtre Dame du
Mont-Carmel, que nous auons erigé en
France, par le pouuoir exprés de ſa Saincteté, L'vne d'icelles, eſt Sœur Marie de
l'Incarnation, dont l'odeur a remply la
France, & paſſe maintenant aux Prouinces Eſtrãgeres. L'autre, eſt ſœur Catherine de Jeſus, Religieuſe Profeſſe au
Monaſtere de l'Incarnation, que nous
auons erigé en la ville de Paris, Voſtre
Majeſté l'a veuë ſouuent, luy a parlé
ſouuent, & touſiours auec edification &
ſatisfaction ſinguliere. Et aprés ſa mort,
il a pleu à Dieu imprimer au cœur de voſtre Majeſté, vne memoire & reueren-

é iiij

ce d'elle bien particuliere.

12.   La pieté de *vostre Majesté*, sans instance & induction aucune, se trouue disposee à penser souuët à cette *Ame*, & à honorer sa memoire, & ce par diuerses actions, que *vostre Majesté* ne me permet pas de representer icy. En fin, elle a voulu me commander & par diuerses fois d'en faire dresser la vie & la faire imprimer. Puis qu'elle paroist au iour, par le commandement de *vostre Majesté*, Ie la vous presente. Elle a esté escrite par vne *Religieuse* du mesme *Ordre*, cognuë par *vostre Majesté*, qui a esté long temps sa *Superieure*. Ce qu'elle rapporte d'elle, est beaucoup inferieur à la grace de cette ame. Mais la terre a bien assez d'ombres, pour obscurcir ces objets là, & n'a pas assez de lumiere pour les faire voir en leur iour : Cela est reserué au iour de leur eternité. La terre n'a point de couleurs assez viues, ny de

LETTRE.

pinceau assez delicat, pour representer
au vray les sujets Diuins & les esprits
Cælestes. Jls sont en Dieu, & aussi leur
Grandeur est cachée en Dieu mesme
(dont ils portent le nom de cachez, ab-
sconditi,) dedans les Escritures. C'est
le Thresor caché (dans Sainct Matthieu 13.) C'est la perle precieuse de l'E-
uangile. Cette perle nous fust addres-
sée de Bourdeaux, par Monsieur le premier President. Ie recognus aussi tost
son prix & sa valeur & la grace cachée dedans cette ame. Ie pris soing
d'elle; Ie la fis receuoir en l'Ordre &
en la maison de Paris. Là i'ay souuent traitté auec elle. Ie l'ay assistée en
ses besoins, confortée en ses trauaux,
dirigée dans ses voyes, où plustost dans
les voyes de Dieu sur elle. Ce qui en
reste en mon esprit, est beaucoup plus
haut & esleué que ce qui est icy repre-
senté. Et ie tiens à benediction particu-

liere, la cognoiſſance & conduite qu'il
a pleu à Dieu me donner de cette Ame
ſaincte & Diuine. Sa pureté eſtoit Angelique; Son eſleuation continuelle; Son
innocéce admirable; Sa ſouffrance Diuine; Son humilité tres-profonde; Sa
foy tres-viue; Sa charité tres-ardente;
Et ſon dégagement du monde & d'elle-
meſme, tres-pur & tres parfaict. Elle
a eſté preuenuë de Dieu en ſes benedictions, & attirée à luy, dés l'âge de ſept
ans, conſeruée en la grace du Bapteſme,
iuſques à la mort, preſeruée de tres-
grands & violents aſſauts du malin eſprit, trauerſant les deſſeins de Dieu, ſur
la pureté & ſaincteté à laquelle elle
eſtoit appellée.

13. Les deſſeins de Dieu eſtoient grands
ſur cette Ame; & auſſi les voyes de
Dieu y ont eſté rares & ſingulieres. Elle eſtoit voüée à l'Enfance & à la Croix
de Ieſus. Et comme par la grace de l'En-

fance diuine de Iesus elle a esté, & pre-
seruée & establie en vne pureté inno-
cente, esleuée, & mesme incapable d'ou-
uerture au mal: Aussi par l'efficace de la
Croix du Fils de Dieu, elle a esté pre-
parée à porter plusieurs souffrances interieures & spirituelles. (Les vnes mali-
gnes, & les autres Diuines) pour rendre
hommage à la Croix de Iesus, par cette
Croix interieure; & participer à icelle.
Ainsi son ame a esté grandement puri-
fiée, & son corps consommé dans les rigueurs de la Croix de Iesus, en l'hôneur
de Iesus, consommé en la Croix, en holo-
causte à Dieu son Pere. Elle a honoré
Dieu en sa vie, & Dieu dispose vostre
Majesté à l'honorer elle-mesme aprés sa
mort. En sa vie Dieu luy a donné vn
soing particulier de vostre Majesté:
C'est à nous à le prier qu'il luy augmente au Ciel, & qu'elle obtienne à vostre
Majesté deux qualitez cœlestes, c'est à

dire, deux qualitez & diſpoſitions à la
verité, communes au Ciel: mais bien
rares en la terre. *LE MESPRIS
DV MONDE & L'AMOVR
DE IESVS.* Ce ſont les diſpoſitions eminentes dans le Ciel, & dans
tous ceux du Ciel. Qu'elles ſoient auſſi
eminentes en voſtre Majeſté. Que voſtre eſprit ſoit eſleué pardeſſus les choſes
terreſtres, comme le Ciel eſt eſleué pardeſſus la terre meſme. Que la puiſſance
& authorité de Ieſus, regiſſe voſtre eſprit, comme elle regit tous les eſprits cœ-
leſtes, & que dans l'horoſcope de *V.
M. IESVS* ſoit voſtre Aſtre do-
minant.

14. Ce Ieſus Fils vnique de Dieu,
Fils vnique de la Vierge, viuant au
monde, a dit qu'il n'eſtoit point du monde, & qu'il ne prioit point pour le monde. Il l'a dit en l'excez de ſa charité, lors
qu'il prioit pour les ſiens, & qu'il alloit

Ioan.17.

LETTRE.

respandre son sang pour la vie du monde. Ces paroles de la verité & de la Sapience eternelle, & le temps auquel il les
profere, c'est à dire, le temps de sa Croix
& de sa Passion, nous obligent tous,
soit petits, soit Grands, à faire vn diuorce auec le monde. (Si nous voulons
estre auec le Fils de Dieu.) La mort
fera ce diuorce par necessité & sans
merite, si la puissance du Fils de Dieu
sur nous, & le glaiue trenchant de
son amour ne l'ont fait auparauánt.
Les plus Grands comme ils ont plus
de part au monde, ils ont aussi plus de
peine en cette separation. Mais Dieu
qui auoit planté autresfois l'arbre de
vie au milieu du Paradis, a depuis le
peché planté l'arbre de la Croix au
milieu du monde; Et les Grands n'en
sont pas exempts. Ils trouuent en leur
Grandeur de l'opposition; & de l'a-
mertume en leurs delices. La prouidence

Diuine en vse ainsi pour les disposer plus
suauement à oublier le monde. Mais
quand il n'y auroit point de Croix &
point d'amertume, la seule qualité pas-
sagere du monde, nous conuie à le laisser
auant qu'il nous laisse luy-mesme.

15.   Le monde passe, Madame, nous
passons comme luy, & auant luy. Et
vostre Majesté en a veu passer beaucoup deuant elle, & ce qui est passé ne re-
uiẽdra iamais plus. IESVSCHRIST
seul demeure eternellement. Et ce qui se
fait en luy & pour luy, dure autant que
luy-mesme : car nos œuures nous suiuent
dedans l'eternité, (ce dit le bien aimé
Disciple.) Allons à luy ; soyons à luy ;
viuons à luy ; viuons en luy ; & prenons
part à luy & à ses qualitez. Il est la
Vie, la Lumiere & le Salut du monde.
Il est la vie, & il veut estre nostre vie! Il
est la lumiere, & il veut esclairer nos tenebres! Il est le salut, & il nous veut

LETTRE.

sauuer : Ce sont ses vouloirs diuins, &
ce sont aussi les vostres, Madame, &
vous nous commandez souuent de le
demander à IESVS-CHRIST
pour vous.

16. Ie l'adore donc, & le supplie par
luy-mesme & par l'amour qu'il porte à
sa tres-saincte Mere, de laquelle vous
portez le nom, Qu'il exauce vos vœuz;
Qu'il daigne estre luy-mesme vostre Vie,
vostre Grandeur vostre Fælicité dés à
present, & en vostre eternité : Et qu'il
vous couronne au Ciel, comme il vous a
couronnée en la terre. Je suis

MADAME,

DE VOSTRE MAIESTE,

Le 18.   Le tres-humble, tres-obeïssant &
Aoust   tres-obligé sujet & seruiteur,
1628.   PIERRE, CARDINAL DE BERVLLE.

PREFACE.

E petit difcours a efté
efcrit fans aucun def-
fein d'eftre communi-
qué qu'à tres - peu de
perfonnes, & afin feu-
lement que le temps n'emportaft la
memoire de cette faincte Religieufe, de telle forte qu'il ne reftaft rien
du tout des chofes fingulieres, dont
il a pleu à Dieu l'honnorer. Ce peu
qui a efté remarqué icy, a efté efcrit
par vne Religieufe du Monaftere
de la Mere de Dieu, de l'Ordre des
Carmelites, eftably dans la ville de
Paris, par la cognoiffance qu'elle

a euë de cette bonne Sœur , & de
quelques papiers qu'elle a trouuez
escrits de sa main. Depuis elle l'a
fait veoir à deux ou trois Religieuses des deux Monasteres de Paris,
ausquelles cette saincte ame s'estoit
communiquée pendant sa vie, qui
y ont adjousté ce qui estoit de leur
cognoissance. Il y a encores plusieurs choses qui ne sont de moin-
dre merite, demeurées tant en la
memoire de ceux qui l'ont cognuë, qu'en plusieurs lettres, que
le Reuerend Pere de Berule (l'vn de
nos Reuerends Peres Superieurs,&
nostre Visiteur) a d'elle , & par lesquelles elle luy rendoit compte de
ce qui se passoit en son interieur.
Que si nostre Seigneur suscitoit
quelqu'vn pour trauailler plus am-
plement à cét ouurage ; il y auroit
dequoy fournir vn tres-grand &

tres-sainct discours, & tirer beaucoup de fruit pour les ames de-
diees pour seruir parfaictement à
Iesus-Christ crucifié. Cependant
ceux qui liront cecy, en pourront
tousiours tirer beaucoup d'vtilité,
& s'asseurer que rendant quelques
graces à nostre Seigneur, des Benedictions qu'il a communiquees
à cette saincte ame, ils ne seront
point priuez des recompenses que
les ames bien-heureuses peuuent
obtenir de Dieu, celle-cy ayant
esté en sa vie des plus recognois-
santes, & en sa mort des plus desi-
reuses de seruir au Ciel à ceux qui
s'addresseront à elle, ayant dit mesmes à vne Religieuse qu'elle luy demandast lors qu'elle seroit auprés
de Dieu, tout ce qu'elle desireroit
de sainct & de iuste, & qu'elle le sup-
plieroit de ne la point refuser. Be-

nite soit cette diuine bonté qui ne
cesse de nous enuoyer de temps en
temps des sainctes ames, comme
des lumieres pour nous esclairer,
& conduire par les tenebres de cette presente vie. Amen.

LOVIS *par la grace de Dieu Roy de France &* de Nauarre: *A noz amez & feaux Conseillers, les gens tenans nos Cours de Parlemens, Baillifs, Seneschaux, Preuosts, leurs Lieutenans, & autres noz Iusticiers & Officiers qu'il appartiendra, Salut: Fiacre Dehors Imprimeur en l'Vniuersité de nostre ville de Paris, Nous a fait remonstrer qu'il a recouuert vn liure intitulé* La vie de sœur Catherine de Iesus, Religieuse de l'Ordre de Nostre Dame du Mont Carmel, estably en Fráce, selon la reformation de saincte Therese de Iesus. Auec vn recueil des pieux escrits & lettres de ladite sœur. Decedee au Conuent du mesme Ordre dit de la

ĩ iij

Mere de Dieu en ladite ville de Paris dés le 19. Feurier 1620. *Lesquels il
desireroit mettre en lumiere & imprimer
s'il auoit noz lettres à ce necessaires, qu'il
nous a tres-humblement faict supplier
luy vouloir octroyer.* A CES CAVSES,
agréant volontiers la supplication dudit
suppliant, luy auons permis & octroyé,
permettons & octroyons par ces presentes, d'imprimer & faire imprimer ledit
liure & recueil susdit, & iceux mettre
& exposer en vente durant huict ans,
pendant lequel temps nous faisons tres-
expresses inhibitions & defenses à tous
Imprimeurs, Libraires, & autres personnes quels qui soient d'iceux, imprimer
ny faire imprimer souz couleur d'aucune marque ou déguisement que se soit,
sans la permission on consentement dudit
suppliant, à peine de mil liures d'amēde,
confiscation des liures qui se trouueront
imprimez, & de tous despens, domma-

ges & interests enùers ledit suppliant, à
la charge d'en mettre par luy deux e-
xemplaires de chacun en nostre Biblio-
teque publique, auant que de les exposer
en vente suiuant nostre reglement; à peine d'estre descheu du present priuilege:
Et pource que de cesdites presentes le
suppliant pourroit en auoir affaire en
diuers endroicts de cettuy nostre Royaume, Nous voulons qu'en mettant au
commencement ou à la fin desdits liures
vn bref ou extraict d'icelles elles soient
tenuës pour bien & deuëment signi-
fiées, & qu'à la collation qui en pourroit estre faicte par l'vn de noz amez
& feaux Conseillers, Notaires, & Se-
cretaires, ou souz seel Royal, foy soit
adioustée comme au present original.
SI VOVS MANDONS que du conte-
nu en ces presentes, vous faciez &
souffriez ledit suppliant, ioüir & vser
plainement & paisiblement sans per-

mettre qu'il luy ſoit faict mis ou donné
aucun trouble ou empeſchement au contraire: C A R tel eſt noſtre plaiſir, Nonobſtant Clameur de Haro , Chartre
Normande , priſe à partie , & autres
lettres à ce contraires. Donné au Camp
deuant la Rochelle, le 7. iour d'Aouſt,
l'An de grace 1628. Et de noſtre regne
le dixneufieſme.

Par le Roy en ſon Conſeil,

SENAVLT.

LA

LA VIE DE SOEVR
CATHERINE
DE IESVS,

*RELIGIEVSE DE L'ORDRE
de noſtre Dame du mont Carmel,
eſtably en France, ſelon la reformation de noſtre mere ſaincte Tereſe
de IESVS: decedée à Paris le 19.
de Feurier mil ſix cens vingt-trois.*

LA bonne ſœur Cathe-
rine de Ieſus, naſquiſt
en la ville de Bordeaux
le cinquieſme d'Auril
l'an mil cinq cens qua-
tre vingts neuf, de gens de bien, &
fort vertueux. Son pere eſtoit mar-

A

chand, qui auoit eu d'vn premier
mariage vne fille qui estoit tres-
deuote & vertueuse, mais qui ne
vescut que iusques à l'aage de dix-
huict ou vingt ans. Sa premiere
femme estant decedee, il se rema-
ria, & eut de sa seconde femme
cette fille dont nous deuons parler, & plusieurs autres enfans, desquels les vns sont encores en vie,
les autres sont decedez, & tous ont
eu quelque tesmoignage de la grace & misericorde de Dieu sur eux.
Le iour de la naissance de cette fille, il y eut vne alarme à la ville, ce
qui arriuoit fort souuent à cause
des guerres qui estoient en ce
Royaume, en sorte qu'elle fut de-
laissee fort long temps, sans qu'on
pensast en elle, & Dieu la côserua.
Ses parens la nourrirent & esleue-
rent fort soigneusement & chere-

ment, tant pource que c'estoit leur
aisnée du second lict, que parce
qu'elle estoit tres-agreable de corps
& d'esprit, & dit-on qu'en son ieune aage elle plaisoit à tous ceux qui
la voyoient. Elle paruint en cette
sorte iusques à l'aage de sept ou
huict ans, auquel temps trouuant
vn liure de saincte Catherine de
Sienne, elle y leut, & y receut les
premiers touchemens de la grace
& du seruice de Dieu. Elle sentit en
elle vn effect de sa diuine Majesté,
l'attirant à le chercher, & à fuïr les
hommes; En sorte que prenant à
la lettre, selon son innocence, cette
fuite des hómes, elle ne sortit plus
de son logis que pour aller à l'E-
glise, & estant de retour, elle s'en-
fermoit dans vne chambre, sans
vouloir demeurer aux lieux où
quelqu'vn pouuoit entrer, ne vou-

A ij

lant plus que son maistre à escrire
luy tinst la main, & s'en deffit le
plustost qu'elle peût, ne prenant
plus d'autre estude que celle de
saincte Catherine de Sienne, laquelle elle imitoit de poinct en
poinct, ainsi que nous allons dire.
Elle prit pour ses directeurs les R.R.
Peres Feüillās, ausquels elle se con-
fessoit, & prenoit leur conseil, &
leur conduite en toutes choses, &
les a tousiours fort reuerez iusques
à la mort. Elle commença donc à
imiter saincte Catherine de Siēne,
par vne deuotion à la saincte Merė
de Dieu, qui estoit que montãt les
degrez de sa maison, elle se mettoit
à genoux à châque marche fort re-
ueremment, saluant la tres-saincte
Vierge par les paroles de l'*Aue*
Maria. En l'aage de huict ans, elle
cōmença à s'exercer en la cognois-

sance d'elle mesme, & s'addonner
assiduëmét à l'Oraison, ce qui l'en-
flammoit de iour en iour en l'a-
mour de IESVS-CHRIST, & la
premiere eslection qu'elle fit, ce
fut de le prendre pour espoux. Elle
disoit souuent à Dieu : Seigneur,
mon cœur ne sera iamais ouuert
pour receuoir autre que vous : & se
consacroit & dedioit souuent à sa
diuine Majesté. En l'aage de huict
à neuf ans elle fit vœu de virginité,
& en ce mesme aage de neuf ans, elle fit sa confession generale, laquelle ne dura pas plus d'vn quart d'heure, tant elle auoit l'ame pure & in-
nocente. Depuis ce temps là elle
s'adonna de plus en plus à la deuotion, & à la garde d'vn silence tres-
estroit, & Dieu luy donna dés ce
petit aage le don d'Oraison tres-
particulier, & nous disoit quel-

A iij

quesfois : Depuis ma conuerfion
(qui eſtoit cette confeſſion generale dont nous venons de parler) ie
ne ſuis iamais ſortie de la preſence
de Dieu, quelque long temps que
ie ſois demeuree à l'Egliſe, ie ne ſuis
point ſortie de cette ſorte de preſence ſenſible de Dieu. Et luy demandant s'il ne luy arriuoit iamais
de diſtraction , elle nous reſpõdoit
que non , mais qu'elle eſtoit touſ-
jours occupee dans cette preſence
là , en ſorte qu'elle eſtoit quelques
fois preſque tout vn iour à l'Egliſe,
qu'elle ne penſoit pas y auoir eſté
vne heure , & demeuroit cinq heures de ſuitte à genoux ſans remuer,
regardant continuellement à vn
Crucifix les cinq playes de noſtre
Seigneur IESVS-CHRIST. Cette
bonne ſœur eſtoit fort aumoſnie-
re & penitente , & gardoit tout ce

qu'on luy donnoit à table pour les
pauures, ne mangeát qu'vn peu de
pain, & par grand extraordinaire,
vn peu de fruict, de falade, ou de
laitage. Et vn iour qu'elle eſtoit fort *Fort abſti-*
preſſee de ſa mere, en vne com- *nente.*
pagnie, de manger quelque viande
delicate, elle fit tant de diſcours deuant tout le monde, de la recom-
penſe qu'ils receuroient de donner
pluſtoſt ces biens là aux pauures,
qu'en fin elle les vainquit, & ils la
laiſſerent faire. Ses abſtinences
eſtoient extremement grandes &
continuelles, mais plus particulierement en vne annee qu'elle ieuſna
de ſuitte au pain & à l'eau, pendant
lequel temps, elle ne mangea tous
les iours que la valeur d'vn liard de
pain, & vouloit continuer cette penitence, n'euſt eſté que les RR. Peres Feüillans luy defendirent, luy

A iiij

difans que fi elle continuoit, ellé nō feroit pas capable de la Religion. Ce qui fit qu'elle fe foubmit à man- ger vn peu dauantage. Quand elle eftoit en compagnie elle fortoit quelquefois pour prendre la difci- pline, & la prenoit fouuent en ce petit aage. Elle portoit vn Cilice,& fi on euft voulu luy permettre dauantage elle s'y fut renduë exceffi- ue. Ses penitences l'empefcherent tellement de croiftre, & la rendirét fi foible, qu'elle en eft demeuree toute fa vie fort petite. L'hyuer el- le ne fe chauffoit quafi point, & au lieu de fe veftir dauantage (comme c'eft la couftume) elle oftoit tous fes habits excepté fa feule robbe; & au grand froid elle couchoit fous la cheminee dans vne chaire, pour endurer dauantage de froid. Au grand Hyuer, qui commença fur

Portoit vn Cilice, & le donnoit fa difcipli- ne.

Endure le froid.

la fin de l'annee mil six cés sept, elle
se laissa geler faute de se chauffer, de
sorte qu'elle en pensa mourir, & la
fallut frotter d'eau de vie deuant le
feu, pour la dégeler. Ses veilles *Ses veilles.*
estoient quasi continuelles, passant
les nuicts à faire l'oraison, & estoit
tousiours occupée à regarder en
quoy elle pourroit rendre dauantage d'honneur à **Dieu**, & lors
qu'elle en cognoissoit quelque occasion, elle fust plustost morte que
de manquer à la faire. Elle auoit vn *Aymoit à*
tres-grãd desir du martyre, & d'en- *souffrir.*
durer pour Dieu, de sorte que quãd
sa diuine Majesté luy enuoyoit
quelque chose à souffrir, elle le receuoit comme vne faueur & misericorde particuliere, & n'estimoit rien la peine. Quand on luy
parloit de ses penitences, luy disant
qu'elle se feroit mourir, elle respon-

doit comme toute eftõnee ; Quoy
y a-il de la peine à faire quelque
chofe pour Dieu? ce qu'on fouf-
fre pour luy n'eft pas fouffrance,
mais delices : car elle ne les trouuoit qu'en la croix, & à imiter parfaitement celuy qui auoit donné fa
vie pour elle. Elle difoit, il m'a donné tout ce que i'ay de plus cher au
monde par la croix, qui eft luy mefme, il eft bien raifonnable que ie le
ferue par icelle, puis que vous l'ap-
pellez ainfi, mais moy ie l'appelle
douceur, gloire, & vie : Ie veux eftre
toute attachee à icelle, & y prendre
ma vie : Le lieu où l'on trouue
IESVS-CHRIST crucifié eft ma
vie, il eft mon tout, ie ne veux plus
que luy. Outre toutes les graces que
nous auons dites cy deffus qu'auoit
cette bõne fœur, Dieu la conferua
en vne tres-grande innocence, de-

puis sa naissance iusques à sa mort,
car elle n'a iamais offésé Dieu mor-
tellement, ny mesmes veniellemét
en chose notable; Au contraire elle
en estoit si esloignee qu'elle ne sçauoit pas que c'estoit que peché, ny
mesmes les choses indifferétes que
la nature enseigne, de sorte que les
actions qu'elle faisoit qui parois-
soient naturelles, tiroient plus leur
principe de la grace & de l'innocence que de la nature & du peché:
Et son innocéce n'estoit pas com-
mune, mais tres particuliere, pource qu'elle regardoit & honnoroit
l'innocence de Iesvs-Christ. Son
innocéce estoit accompagnée d'v_
ne tres-grande simplicité, & telle
que iusques à l'aage de vingt-cinq
ans, elle croyoit que tous les arti-
sans, & gens de mestier, trauailloiét
purement pour l'amour de Dieu,

sans autre interest. Et elle disoit
quand elle en voyoit quelques vns
qui auoient bien du mal, & dont la
condition estoit fort vile, qu'ils au-
roient la grace des Cherubins dans
le Ciel, pensant qu'ils auoient choi-
sy cette condition pour honorer
Dieu, & le seruir plus parfaitement
que les autres. Cette petite ame e-
stoit si abondáte en graces dés son
enfance, qu'à l'aage de neuf ans, elle
assista vn de ses freres en la maladie
dont il mourut, & n'y eut qu'elle
à luy rendre tous les derniers deuoirs. Elle le fit confesser & l'assista
au moment de sa mort. Elle nous a
dit que comme il alloit rendre l'esprit, qu'il n'y auoit qu'elle dans la
chambre, & qu'elle luy faisoit faire
tous les actes qu'vne ame doit faire
en cét estat. Il luy disoit, Ma sœur,
ie voy Iesus & la saincte Vierge, qui

me tendent les bras, & m'appellent
pour aller au Ciel , & sur cela elle le
faisoit esleuer à Dieu par des actes,
& beaucoup de choses, que ie serois
trop longue à rapporter : & souuét
il luy disoit, Ma Sœur , ie voy le S.
Sacrement , auec plus d'vn million
d'Anges qui l'adorent. Et puis elle
disoit: Or sus, adorez le auec eux, &
donnez luy vostre ame, à ce qu'il la
possede pour l'Eternité.

La modestie de cette bonne sœur *Sa mode-*
estoit tres-insigne , & quasi iamais *stie.*
elle ne leuoit la veuë. Il aduint vne
chose fort remarquable, c'est qu'e-
stant allée voir vne de ses voisines,
fille de son aage, vn certain ieune
homme la voulant salüer, & entretenir de discours ordinaires, dót on
vse entre les ieunes personnes, elle
se recula, & luy parla auec tant de
modestie , qu'il fut touché par sa

vertu à mesprifer le môde, & chercher les voyes de falut, & fe rendit
depuis Religieux. Elle auoit vn fi
grand mefpris du monde, & de toutes les vanitez, qu'elle les quitta entierement. Elle ofta tous les paffe-
mens & façons qu'il y auoit fur fes
robbes & cotillons, & prit vn petit
collet fans empezer. Sa mere fut
fort eftónée quand elle la vit ainfi,
& la tança fort, luy difant qu'elle
feroit deshonneur à fa maifon, &
qu'elle ne la pourroit plus mener
auec elle; qu'il ne falloit donc plus
qu'elle s'attendit d'auoir de fille;
qu'elle s'eftoit toufiours promife
qu'elle feroit fon bafton de vieil-
leffe; qu'ils attendoient tout d'elle
comme de leur aifnee, & ainfi plufieurs autres difcours : mais cette
bonne ame luy refpondoit auec fa
ferueur ordinaire, luy monftrát ce

que c'eſtoit de toutes les choſes de
la terre, leſquelles elle vouloit quitter, & n'y auoir plus de part, ains ſe
rendre pauure à l'imitation de I E-
SVS CHRIST, qui eſtoit tout contraire au monde ; qu'elle n'auoit
point de ſubject de ſe faſcher con-
tr'elle, veu qu'elle prenoit le meilleur party, qui eſtoit de ſuiure
Dieu & ſes conſeils ; qu'il n'y auoit
point de deshóneur de ſeruir Dieu,
mais vn tres-grand honneur ; qu'il
falloit laiſſer dire le monde, & ne
regarder que Dieu ſeul : En fin elle
parloit auec tant de prudence que
cela ſurpaſſoit ſon aage & ſa capacité, tellement que ſa mere condeſ-
cédit vn petit à la laiſſer faire, mais
neantmoins c'eſtoit touſiours en la
contrariant, & cóbattant là deſſus,
& ce par l'eſpace de deux ou trois
ans. Elle luy faiſoit quelquesfois

commãder par les R R. Peres Feuïl-
lans de s'habiller autrement, ce
qu'elle faisoit quand ils luy commandoient, & nous a dit qu'elle
n'eust pas voulu faire vne seule
action, contraire à l'obeyssance
qu'ils luy donnoient.

Ces bons Peres estoient fort soi-
gneux de la mortifier, parce qu'ils
voyoient qu'elle y aduançoit beaucoup. Quand elle vouloit parler à
son Confesseur, il la faisoit quelquesfois attendre deux heures de
suitte dans vne court, ce qu'elle faisoit auec grande patience.

Voila quelque chose des graces
& des vertus de cette petite ame,
pendant qu'elle estoit encores en sa
grande ieunesse, lesquelles ont
tousiours augmenté en elle, ainsi
que l'on pourra voir en la suitte de
ce discours : Ce qu'elle toutesfois,

ne

ne croyant pas, elle me diſoit vn
iour pour s'humilier, Regardez ma
ſœur, que ie ſuis deuenuë mauuaiſe
depuis ce temps-là, car ie puis dire
auec verité que depuis le commencement iuſques à l'aage de vingt-
deux ans, ie ne croy pas auoir laiſſé
paſſer vne ſeule occaſion de morti-
fication qui ſe ſoit preſentée: Noſtre Seigneur m'y donnoit vne telle force, que ie ne le vous puis dire:
ce qu'elle diſoit auec grand abaiſſe-
ment, & confuſion d'elle meſme,
de ſe voir à la fin plus mauuaiſe
qu'au cõmencement, encores que
ce fuſt bien le contraire, mais ſon
humilité luy donnoit cette penſée.
Elle auoit grande deuotion à viſi- *Viſitoit les*
ter les pauures, & pluſieurs perſon- *pauures.*
nes pieuſes qui faiſoient de bonnes
œuures, eſtoient bien aiſes de la
mener auec eux, Dieu reſpandant

B

quelque grace fur ceux qui conuer-
foient auec elle. Elle prenoit vn fin-
gulier plaifir à vifiter les pauures
honteux, & les confoloit grandement, leur monftrant qu'elle en-
uioit leur condition, comme plus
conforme à celle de IESVS-CHRIST,
qui auoit choify la pauureté. S'il y
auoit quelqu'vn malade chez elle,
elle eftoit la premiere à l'affifter.

Se refolut
à eftre Re-
ligieufe,
& y eft
trauerfee.
Lors que cette bonne fille fut re-
foluë d'eftre Religieufe, il ne fe peut
dire les trauaux qu'elle eut pour en
obtenir la permiffion de fa mere,
parce qu'elle l'aymoit vniquement:
mais comme l'on ne veut faire icy
qu'vn abregé de fa vie, nous ne rapporterons pas tout ce qui s'y eft
paffé, nous dirons feulement qu'en
fin fa grande patiéce & vertu vainquit fa mere, & la fit condefcendre
à fes fainéts defirs, Elle eut defir d'e-

stre Feüillantine, & vne sœur qu'elle auoit : & auoient fait tous leurs
apprests pour partir pour aller à
Tholose : mais il suruint quelque
empeschemēt, & depuis ayant oüy
parler des Carmelites, elle se resolut
de l'estre ; & obtint par l'entremise
de Monsieur de Gourgues, à present Premier President du Parle-
ment de Bordeaux, vne place au
Monastere de l'Incarnation à Paris.
Elle arriua en cette ville de Paris l'an
1608. au commencement du mois
d'Aoust. Elle fut receuë chez Ma-
damoiselle Acarie, depuis appellée
la B. H. sœur Marie de l'Incarnation, où elle demeura quelque tēps,
pendant lequel cette saincte Damoiselle luy parloit tous les iours,
& cette petite luy disoit toutes ses
pensees, comme si elle l'eust veuë
toute sa vie, dont ladite Damoiselle

estoit toute edifiée; Elle fut receuë, & prit l'habit au Monastere de l'In- carnation le iour de S. Barthelemy, en la mesme année, sans y apporter aucun dot de Religion, estant pourueuë de biens beaucoup plus recommandables. Elle fit vn Noui-

tiat si vertueux, qu'elle sembloit vn Ange en pureté, en netteté, & en saincteté. Elle estoit tousiours fort recueillie sans estre aucunemét ren- fermée, ny melácholique, tousiours desireuse de la retraicte, & preste à faire telle actió qu'on luy eust vou- lu ordonner : Et quand la Mere Prieure l'alloit voir en sa celle, & qu'elle luy demandoit : Que faites vous icy ma sœur, elle luy respódoit pour l'ordinaire : Ie regarde Dieu qui remplit cecy, & puis elle se tai- soit, & recommençoit apres quel- que autre chose, selô sa disposition

presente. Il se peut dire en verité
qu'elle faisoit vne vie si parfaite dés
ce temps-là, qu'elle estoit l'exemple
de toute la maison ; Celles qui e-
stoient alors dans le Monastere,
sont tesmoins de ce que ie dis : Et la
bien-heureuse sœur Marie de l'Incarnation m'a dit beaucoup de fois
en ce mesme temps , que l'Ordre
estoit bien-heureux d'auoir cette
bonne ame. Le temps de sa profession approchát, elle auoit vne tres-
grande crainte de n'estre pas receuë
pour son indignité, ce qui luy dõna
beaucoup de peine, & approchant
plus prés du téps de la faire, elle eut
plusieurs peines & tentations sur
ce sujet, l'esprit malin luy mettant
beaucoup de choses dans l'esprit,
lesquelles l'inquietoient grandement, & sur tout qu'elle auoit trop
de presomption de se vouloir obli-

ger à chose si grande, & dont elle
n'estoit pas digne, & autres choses
qui ne luy donnoient point de repos. La Mere Prieure la fit parler au
R. Pere Coton, auquel elle auoit
grande confiance, & si tost qu'il luy
eut declaré que c'estoit tentation,
& qu'elle ne s'y deuoit point arrester, tout cela s'esuanoüit, & elle
demeura fort tranquille, & en paix.

Faict sa Elle fit profession le vingt huictief-
profession me Aoust, iour de S. August. 1609.
auec veuë ayāt deslors quelque veuë des cho-
des choses ses grandes que Dieu demandoit
grandes. d'elle, & qui luy deuoient arriuer
apres, quoy qu'elle ne l'entendist
pas pour lors, & sans l'entendre elle
se soubmettoit, & embrassoit des
choses qu'elles voyoit tres grandes,
& tres-importantes. Et durant
quelque année elle disoit, Ie me jet-
te en Dieu, comme en vn abysme

profód pour faire de moy des choses qui semblent n'auoir point de
limites ny de fin. Dieu alloit ainsi
preparant cette ame peu à peu à la
grandeur de ses voyes & de son ouurage. Et apres luy en auoir monstré quelque chose, il luy en donnoit aussi quelques petites espreu-
ues, dans lesquelles elle a tousiours
esté tres-fidelle. Ce qui a bien paru,
puisque sa diuine Majesté voyant
le bon vsage de cette ame, luy a continué cette grace de souffrir iusques
à la mort, ainsi que nous dirons en
son lieu. Nous auons trouué d'elle
vn papier escrit, où elle parle ainsi:
Ie consens, & donne ma volonté à
Dieu, à ce que ses volontez soient
accomplies en moy, en toutes les
manieres qu'il luy plaira; Perte en
Dieu, lequel doit estre ma suffisan-
ce, Dieu m'est sagesse, Dieu m'est

B iiij

ſcience, Dieu m'eſt puiſſance; il mē
ſuffit que Dieu eſt ſuffiſant à luy-
meſme. Il luy enuoya auſſi de tres-
grandes maladies , dans leſquelles
elle a eu des trauaux extrêmes , &
tels qu'elle m'a dit à moy-meſmē
qui eſcris cecy ; Ie tiens à vne gráde
miſericorde de Dieu , de ce qu'il me
laiſſe la patience , & de ce que ie ne
la perds point. Elle auoit des deſirs
de mourir, ſi grands, pour aller voir
Dieu , qu'elle n'auoit quaſi point
d'autre penſée. Et quand ſes maladies diminuoient , & qu'elle ſe
voyoit retardée de cette ſaincte &
diuine viſion, il luy falloit toutes ſes
forces pour ſe reſigner à demeurer
en ce banniſſement , & elle ne parloit que de la mort, & du Ciel & de
la ioye de laiſſer cette vie. Elle ne
laiſſoit pour ſes maladies de faire
pluſieurs auſteritez, & ſi toſt qu'el-

Grandes
maladies.

Deſiroit al-
ler au Ciel.

le auoit tãt soit peu de santé elle en
faisoit beaucoup ; neantmoins ses
penitéces estoient fort souuent in-
terrompuës par ses maladies. En fin
elle vint à estre plus mal, l'hydropi- *Commen-*
sie comméçant à se former en elle, *cement de*
l'hydropi-
dont nous parlerons cy apres : mais *sie.*
deuant , nous dirons que dans ses
maladies du corps, Dieu esleuoit
son esprit, & l'attiroit à luy par la
pensee, & les desirs de mourir, &
d'aller ioüir de sa diuine Majesté.
Il l'acheminoit à ses desseins, qui *Dieu la*
estoient de la faire entrer dans sa vie *dispose à*
son œuure.
saincte & souffrante, & la faire viure d'vne autre vie, & mourir d'v-
ne autre mort que celle qu'elle có-
prenoit & se representoit. Combien luy ay-je oüy dire de fois , ô
abysme incomprehensible des secrets & des Conseils de Dieu! combien vous estes caché aux enfans

des hommes, & elle diſoit cecy auec
de tres grands ſentimens de ce qui
s'eſtoit paſſé en elle. Elle diſoit
beaucoup d'autres paroles, leſquelles ſi elles euſſent eſté recueillies,
euſſent donné grande deuotion:
mais Dieu ne l'a pas permis, & meſmes pluſieurs choſes qu'elle auoit
eſcrit, elle les bruſla peu auant ſa
mort. Depuis vers la fin de ſa maladie, elle voulut acheuer de bruſler
ces petits papiers, dont nous parlerons icy, mais on les deſtourna.
Dieu doncques la diſpoſoit, comme nous auons dit, à ſon œuure, &
faiſoit croiſtre en elle la grandeur
de ſon Conſeil, conſeruant principalement en elle cette ſaincte innocence, dont nous auons parlé;
laquelle elle a euë pure, nette, &
tres-eſleuée iuſqu'à la mort; Ie dis
tres-eſleuée, parce qu'il n'y auoit

rien de defectueux, mais elle la pre-
seruoit seulemét de la science mau-
uaise, ou pluftost luy cauſoit l'i-
gnorance du peché. Et à ce propos,
il me souuient que ie veis vne fois
(pour monftrer que ſa fimplicité
eſtoit de vertu & de grace, & non
d'incapacité) que parlant vn iour à
vne Dame du monde qui faiſoit
grand cas de la beauté, & teſmoi-
gnoit prendre vn fort grand plaiſir en elle meſme : cette bonne
ame luy reſpondit, Que vous ſert-
il, Madame, d'eſtre belle aux yeux
de vous meſme, & ne l'eſtre pas à
ceux de la diuine Majeſté, pourſui-
uant pluſieurs choſes tres à propos:
ce qui luy eſt arriué beaucoup d'autres fois, & ce auec des plus grands
& grandes de la France, auſquels elle parloit fort prudemment, & tres-
bien ſelon les ſubjects. Nous en

pourrons dire encores quelque
chose, s'il vient à propos. Cette ame
donc continuât à s'acheminer à ce
que Dieu demandoit d'elle , ceux
qui la conduisoient , voyoient en
elle vn notable progrés & aduance-
ment , se passant plusieurs tres-
grands effects, & tres-particuliers,
tant en la grace esleuante & conso-
lante, qu'en la grace purifiante &
souffrante , dans laquelle principalement la diuine Majesté l'attiroit
& l'appelloit, mais il mesloit de l'vn
& de l'autre particulierement dans
ces commencemens , & quelquesfois il l'attiroit par des occupations si douces & si fortes , qu'elle
en perdoit l'vsage des sens, dont entre les autres, il luy arriua qu'assistât
au *Salue Regina* , que nous chan-
tons tous les Samedis , reuestuës de
nos manteaux , auec des cierges ar-

dens en la main, elle estoit si occupée en Dieu, qu'elle ne peût iamais
tenir son cierge, & quelque effort
qu'elle fist, elle le laissa tomber sans
le pouuoir reprendre: ce qu'elle vint
dire à la Mere Prieure, auec grande
naisueté & innocence. Apres ces
choses, Dieu luy en enuoyoit d'autres sortes, comme nous auons dit,
& quelquesfois il luy faisoit voir ce
qu'elle estoit elle mesme, & ouuroit
sa cognoissance pour voir ce que
nous sommes par le peché, & la de-
formité de la creature selon cela,
qui est vne chose bien estrange, &
bien defectueuse: & non seulement
en ce temps-là, mais depuis encores
par plusieurs fois cette veuë luy a
esté ouuerte auec des grandes peines, & trauaux tres-grands, qu'elle a
passez sur ce subject. Mais pour reuenir à ses maladies, elles luy conti-

nuërent & augmenterent, & la mi-
rent plusieurs fois en danger de la
mort. On la communioit pour l'y
preparer. On luy portoit le sainct
Sacrement à l'Infirmerie, & apres
qu'elle auoit communié, elle estoit
tout le long du iour auec de tres-
grands effects du sainct Sacrement,
ce qui luy estoit si ordinaire que ie
ne me souuiens iamais l'auoir inter-
rogée sur ce qui s'estoit passé en elle
à la saincte Communion, que ie
n'aye veu qu'elle y auoit receu quelque effect notable, & tres-particu-
lier. Or ie dis cecy, soit en maladie
ou en santé, & quoy qu'elle com-
muniast tres-souuent. Il s'est passé
en elle vne infinité de choses tres-
grandes & tres-importantes, qui
n'ont pas esté remarquées ny rete-
nuës en ma memoire, pour n'auoir
iamais eu dessein d'escrire sa vie.

Ie me souuiens seulement qu'elle a veu de tres-grandes choses sur les mysteres de nostre foy, & principalement ceux ausquels Dieu l'auoit particulierement attirée à reuerer, comme ses souffrances & sa saincte enfáce, sur laquelle elle a receu plusieurs fois de grandes & extraordinaires lumieres. Lors que nous entrions au temps auquel l'Eglise s'applique plus particulierement à honorer ce sainct mystere, elle ne sortoit quasi point du chœur ; y priant continuellement. Elle y demeuroit trois ou quatre heures à la fois, & y passoit vne partie de la nuict, mesme il luy est arriué de l'y passer toute à genoux, & quelque malade qu'elle ayt esté, si ce n'estoit d'vne fiéure continuë, & qu'elle ne se peust souftenir, elle se leuoit tousiours deux heures auant les au-

tres , pour prier Dieu. Quand elle
estoit arrestée au lict, & ne se pouuoit leuer, elle employoit neantmoins ces deux heures là dans son
lict à prier Dieu, & cela, elle le fit encores le Vendredy, dont elle mourut la nuict du Samedy au Dimanche. A la feste de l'Incarnation, qui
est le vingt-cinquiesme du mois de
Mars, elle ne se couchoit point, ou
ne s'endormoit point que minuict
ne fust sonné, adorant le moment
de l'Incarnation, que l'on tiét auoir
esté à minuict, se dediant lors toute
au Verbe Incarné. En la sepmaine
saincte elle faisoit de grandes deuo-
tiõs, & pour l'ordinaire, en ces iours
là, elle souffroit beaucoup: Et Iesvs-
Christ luy imprimoit quelque
chose de ses angoisses, de ses douleurs, & de ce qu'il a pâty pour le
salut des hõmes ; luy en faisant co-

gnoistre

gnoiſtre par cette experience pluſieurs choſes ſecrettes, cachées &
tres particulieres, & elle en parloit
d'vne façon angelique. Quelquesfois ce qui ſe paſſoit en elle en vn
moment, elle eſtoit plus d'vne heure à l'expliquer, tant c'eſtoit choſe intime & eſleuée; Et encores elle
diſoit qu'elle n'auoit rien dit en cõ-
paraiſon de ce que c'eſtoit, Ie dis
lors qu'elle auoit quelque facilité
à parler, car le plus ſouuent elle ne
l'auoit pas, & quelquesfois elle ne
pouuoit dire qu'vn mot, ou bien
peu de paroles, quoy qu'elle deſiraſt touſiours grandement de pouuoir tout dire: mais Dieu ſe conten-
toit de ſa volonté, laquelle elle luy
offroit ſouuent & ſinceremẽt pour
cela Le iour du Vẽdredy Sainct, elle
paſſoit toute la nuict au chœur, ſelõ
noſtre couſtume, ie dis la nuict du

C

Ieudy au Vēdredy, & se prosternoit
en croix sur la terre, adorāt les souffrances de nostre Seigneur I E S V S-
CHRIST, sur tout celles de son
ame tres-saincte; & quelquesfois
cette ame de I E S V S-CHRIST luy
estoit monstree, & receuoit interieurement de grandes intelligen-
ces de ce qu'elle auoit souffert, &
elle demandoit au Pere eternel que
tout ce qu'elle estoit, adorast sans
cesse ses sainctes souffrances. Ce
que ie dis de cette saincte ame luy
arriuoit depuis l'effect dont nous
deuons parler plus auant, où IESVS-
CHRIST tiroit l'ame de cette bonne sœur dans la sienne. Elle estoit
tousiours au chœur les trois heures
que nostre Seigneur fut attaché à la
croix, & lors que l'heure approchoit
à laquelle on tient qu'il rendit son
esprit à son Pere Eternel, elle se pro-

sternoit en terre, les bras en croix,
comme nous auons dit, faisant plusieurs actes interieurs sur ce subject.
Elle faisoit de grandes austeritez en
ce sainct temps de Caresme, & l'annee où elle tomba malade de la maladie dont elle est decedee, qui fut
l'an mil six cens vingt-deux, elle *Ieusnoit*
auoit ieusné le Caresme, deux fois *beaucoup.*
la sepmaine au pain & à l'eau ; & en
tout l'Aduent, elle n'auoit mangé,
ny œufs ny poisson, le reste de l'annee elle ieusnoit aussi au pain & à
l'eau fort souuent. A la feste de la
Resurrection de nostre Seigneur,
elle se leuoit tousiours à vne ou à
deux heures apres minuict pour
s'offrir à IESVS-CHRIST, & se mettoit
en quelque lieu où il y eust vne
image de ce mystere, y demeurant *Deuote à*
iusques à ce que l'on commençast le *saincte*
seruice. A la feste de saincte Magde- *Magdelei-*
ne.

laine, elle se retiroit tousiours dix
iours, pendant lesquels estoit en
continuelles deuotions, & cette
saincte luy estoit fort souuent presente interieurement, & souuent
elle m'a dit qu'elle sentoit qu'elle
estoit sa mere, & qu'elle ne la pouuoit appeller autrement: Elle escriuit vn petit papier vers cette feste,
où elle dit, parlant de l'instant de la
conuersion de la Magdelaine : O
instant ! ie ne puis me lasser de te
nommer & admirer, tant tu és aymable. La conuersion de la Magdelaine fut par IESVS CHRIST
des œuures des plus grandes qu'il a
faites. Iesus fut celuy qui la conuer-
tit, & navra de son amour cette
saincte ame en vn moment. O
qu'est-ce qu'elle veit & sentit ! ô
quels effects ! Car estant à l'heure
quasi toute hors de soy, sans enten-

dement, sans langue , & sans sentimens, ô comme elle demeura toute occupee en Iesus ! ô quelle cognoissance elle eut de ses fautes! ô
comme elle voyoit son neant , ô
comme elle s'abaissoit plongee en
vn tres-grand mespris de soy , le
monstrant par l'action publique
qu'elle faisoit! On a trouué encor
vn papier de cette bonne ame, où il
y auoit ces paroles: La Magdelaine
Seraphine aux pieds de la croix , ô
amour qui faites viure en la croix! ô
amour que tu es doux aux ames qui
te goustent , bien qu'en apparence
tu semble tres-rude & fascheux, ô
viande de mon ame grandement
desiree! ô viande qui faits que les
ames qui te goustent en demeurent
grandement affamees! ô amour, ou
souffrir ou mourir ! Encores dans
vn autre elle dit: O Magdelaine pe-

nitente & souffrante, aymâte & aymee de IESVS, ô quelle souffrance
vous auez portee en toute vostre vie
pour la veuë de tous vos pechez, l'a-
mour n'ayât point permis que vous
en fussiez vn seul moment soula-
gee. O quel amour vous auez aquis
par le moyen de cette souffrance,
puisque d'autant plus que l'aneantissement est grand, d'autant plus
l'ame est purifiee. O combien grãd
il a esté, en vous, ô mon Dieu, qui le
pourroit exprimer? puis qu'au mesme instant que vous oüistes les paroles de IESVS-CHRIST, l'amour
vous priua de vous mesme, & IESVS-
CHRIST en prit la possession. O
quelle communication vous aurez auec l'amour, ô quelle pureté.
A l'aage de vingt & vn à vingt deux
ans, enuiron les festes de Noël elle
eut de fort grandes & continuelles

occupations de Dieu, qui luy du-
roient quelquesfois trois ou quatre
heures par iour. De sorte que cela la
consommoit tellemét qu'elle ne se
pouuoit soustenir. Ce qui dura bié
ce me semble vn mois ou six semai-
nes. Elle veit en vn de ses iours, & *son ame sé-*
en vne de ses occupations, son ame *parée de*
separee de son corps, & presente à *son corps.*
Dieu, qui luy monstroit la gloire
qu'il luy vouloit donner, & mettoit
en son choix de la receuoir deslors:
mais que si elle le faisoit, ses desseins
ne seroient pas accomplis en elle:
Toutesfois il luy laissoit libre d'entrer dés ce moment en la gloire
qu'elle voyoit, ou de retourner en
la vie pour accomplir ses desseins,
où elle voyoit qu'elle auoit pour
cela tát de choses à porter & souffrir
qu'elle en estoit toute espouuantee:
Neátmoins elle choisit, quoy qu'a-

uec tres grande repugnance de viu-
ure, pour accomplir les desseins de
Dieu. Elle voyoit pendant tout ce
temps là qu'elle estoit, comme
i'ay dit, si occupee auec Dieu, qui
estoit auant Noel, qu'il se deuoit
faire en elle quelque chose de particulier en cette feste. Et le mesme
iour apres la saincte Communion,
à la Messe de minuict, il luy sembla
que la Vierge l'auoit reuestuë d'vn
manteau blanc & tres pur: & dés
cét instãt iusques au soir de ce iour
là, elle eut vne telle occupatió auec
Dieu sur ce qui s'estoit passé en elle, qu'elle ne se souuenoit point
d'estre en la terre, quoy qu'elle fist
toutes les actions communes & ordinaires, mais pensoit estre au Ciel,
& fut fort estonnee quand elle se
vit parmy nous.

Pour acheuer le discours que nous

auions cõmencé de son hydropisie,
laquelle ne luy est arriuee qu'vn an
apres que Dieu l'eut fait changer de
voye, & l'a supportee plus de quatre
ans : Nous dirons que son mal allãt
tousiours croissant, il sembloit impossible qu'elle le peust porter dauantage. Elle auoit les iambes fort
enflees, & n'auoit plus de forme de
corps, à cause que l'enfleure luy mõ-
toit iusques à l'estomach, & luy couuroit toutes les hanches, en sorte
qu'on ne les y sentoit plus, & falloit
que la nuict elle fust tousiours en
son seant, autrement elle eust esté
estouffee. Elle ne dormoit quasi
point, elle auoit vne fiéure bien
forte & continuë, ne desalteroit
point, & ne pouuoit plus marcher
sans se reposer à chaque pas; les Medecins n'y trouuoient plus aucune
esperance, ce mal estant de si long

temps, & si inueteré, & ce corps si
delicat, debilité tellement, que l'on
attendoit de iour à autre qu'elle se
tournast à la mort, estant naturelle-
ment impossible qu'elle peust viure
que bien peu de temps en cette extremité, & elle le croyoit ainsi, & se
disposoit auec grande ioye, & desir
de voir Dieu, comme il luy arriuoit
tousiours en telles occasions. Elle
disoit quelques fois qu'elle auoit
peur qu'il luy arriuast comme à certaines personnes deuotes, qui e-
stoient guaries de la ioye qu'elles
auoient receu de se voir proches
d'aller au Ciel. Or quoy que par
toutes sortes d'apparences humaines on pouuoit croire qu'elle deuoit mourir, elle auoit neantmoins
vne pensee qu'elle ne sçauoit comment accorder à l'estat où elle
estoit, qui estoit qu'elle deuoit

garder encores sa regle auant sa
mort. Cela arriua par la guarison
miraculeuse que sainct Charles fit
en elle comme il ensuit. Lors qu'on
lisoit la vie de ce sainct, voyant les
miracles d'iceluy, la Mere Marie
de Iesus, Prieure du Monastere
luy dit à la recreation, qu'il falloit
qu'elle luy demandast sa santé : Ce
qu'aussi tost elle prit à bon escient,
& la Mere Prieure fit faire quelque
deuotion à la maison pour cette intention, continuát à prier ce sainct,
elle esperoit quelque chose à sa feste, par disposition interieure, sans
sçauoir quoy, laquelle deuoit es-
cheoir trois ou quatre sepmaines
apres. En fin la veille de cette feste
la Mere Prieure l'alla querir en sa
celle sans y penser, pour venir ouyr
dans le chœur la lecture au marty-
rologe, auquel estoit faite men-

Guarie par
le miracle
de sainct
Charles.

tion de ce sainct, parce que c'estoit
la premiere fois que nous faisions
son office, qui estoit l'an mil six
cens quinze. A l'heure mesme que
l'on eut prononcé le nom de sainct
Charles, elle se trouua sans mal, &
le corps leger, au lieu qu'elle l'auoit
fort pesant, & alla dire à la Mere
Prieure à la fin de Prime qu'elle
estoit guarie. De faict des cette
heure là elle marcha sans peine,
quitta en son boire & en son manger tout ce que les Medecins auoiét
ordöné, mangea comme les sœurs,
& la nuict suiuante elle dormit fort
bien. Bref il y eut vn tel changement, que le lendemain de la feste
elle fut toute desenflee, s'estant en
ces deux iours quasi continuellement deschargee d'vne tres-grande
quantité d'eau, & ne s'est plus ressentie de ce mal: & depuis par l'es-

pace de six ans & plus, elle a gardé
toute la regle, & encores beaucoup
dauantage. Ce que i'ay dit de cette
pensee, qu'elle auoit tousiours euë
de garder sa regle deuant sa mort,
elle l'escriuit à vne Religieuse de
l'Ordre, qui garde encores sa lettre.

A l'aage de vingt-deux ans ou enuiron, Dieu la fit changer de voye,
& l'esleua en vne vie interieure, si
grande & si particuliere, que l'on
n'en peut dire que peu de choses,
parce que les plus grandes en e-
stoient cachees, Dieu ne voulant
pas descouurir au monde les secrets
qu'il met dans ses saincts, à cause
qu'il n'est pas capable de les entendre. Ie diray donc qu'en ce temps
IESVS-CHRIST le Sauueur du
monde l'attira à soy, & prit possession d'elle, la marquant de sa marque, pour la faire estre à luy dés ce

moment pour son eternité : Et cela
que ie dis, qu'elle fut marquee de sa
marque, ce sont les propres termes
qu'elle me dit, & ie ne puis pas exprimer ce que c'estoit cela, sinon
que c'estoit vn effect de Dieu en l'a-
me qui luy estoit monstré en qualité de marque ou de cachet, imprimé au plus intime d'elle mesme,
comme vne chose arrestee & asseu-
ree à sa diuine Majesté. Et cét effect
fut operé par Iesus, comme enfant,
lequel la prit à luy pour appartenir
au mystere de son enfance, entre les
autres choses qui sont en luy. L'on
a trouué dans vn petit papier escrit
de sa main du 30. Iuin 1615. I'ay receu
par l'enfance de IESVS-CHRIST
quelque grace en luy, & par luy. Il
prit donc possession de cette ame,
& selon que ie puis iuger, il demeura en elle par presence, & par opera-

tió, iusques au dernier souspir de sa
vie. Surquoy la Mere Prieure l'a in-
terrogee vne infinité de fois, pour
en sçauoir ce qui en estoit, & ces
operations principales n'estoient
pas pour la consoler, mais pour la
sanctifier, en sorte que cette pureté
diuine qui operoit en elle, rencon-
trant les soüillures qui sont en l'a-
me par le peché originel, la puri-
fioit en telle sorte que la nature
souffroit beaucoup, & cela auoit
quelque conformité à ce qu'on
nous apprend de l'estat du Purga-
toire. Elle se sentoit quasi tousiours
priuee de son intelligence naturel-
le; voyát cela par vne priuation faite par cette presence diuine pour
empescher le mauuais vsage que
nous faisons de nos puissances spirituelles. Et Dieu luy faisoit sentir
quelque chose de la rigueur dont il

vſe contre le peché, & contre les
qualitez du peché, en ſorte que cette ame eſtoit ſi remplie de cette grā-
de rigueur & Iuſtice de Dieu, qu'elle en eſtoit du tout occupee, & ne
luy reſtoit aucune de ſes fonctions
pour iuger d'icelle; A ſçauoir, qu'é-
cores qu'elle fuſt grande & extreme, neantmoins elle n'eſtoit point
à ſon preiudice; Elle demeuroit en
cette peine quelquesfois l'eſpace
de pluſieurs iours, en ſorte qu'elle
a ſouuent paſſé des iournees ſans
manger & ſans dormir. En cét eſtat
elle ne pouuoit parler que fort
peu, ce qui neantmoins ne paroiſ-
ſoit pas, le cachant ſous ſes maladies, horſmis à ceux à qui elle rendoit compte d'elle meſme. L'on a
trouué vn billet d'elle, eſcrit de ſa
main, où il y auoit; Ie porte vn effet
de Dieu ſi penetratif & ſi grand,
qu'il

qu'il consomme mon ame & mon
esprit. Dieu voulant destruire en elle ce qui estoit d'elle mesme, pour
faire des effects cachez & diuins, en
sorte que cette pauure ame ne se
voyoit plus, ny les operations de
Dieu en elle, si ce n'estoit lors que
cét esprit qui habitoit en elle au
lieu du sien, luy donnoit quelque
peu de relasche pour se cognoistre,
& Dieu en elle. Dieu auoit dessein
de cacher cette ame à elle & aux autres, au moins pour la plus grande
partie des choses qui se sont passees
en elle. Ce qu'il luy fit entendre
quatre ou cinq annees auant sa
mort, luy appliquant ces paroles
qui luy furent dites interieurement
au moment qu'elle alloit communier, *hortus conclusus soror mea spon-*
sa, fons signatus : Et il luy fut monstré que cette operation de Dieu

D

luy feroit cachee, & aux autres auffi.
Et cela luy eftoit tres-penible de ne
pas pouuoir parler auec facilité à
ceux que Dieu luy auoit donné
pour guides, & de qui elle depen-
doit. Bien fouuét en fes extremitez
qu'elle fouffroit, qui ont efté tres-
frequentes, & en grand nombre,
elle demandoit la benediction au
lieu de ce qu'elle euft defiré receuoir, fi elle euft peu faire voir ce
qu'elle eftoit en fes befoins. Il luy
arriuoit quelquesfois que receuant
des graces de Dieu, tres-grandes &
tres-particulieres, elle difoit des paroles fur le fubject prefent, fans receuoir l'intelligence de ce qui luy
eftoit donné iufques au poinct ne-
ceffaire, pour en receuoir de la confolation, & quelque fatisfactió, non
pas qu'elle n'en receuft en quelque
forte en ce temps là: Mais elle eftoit

limitee, & ne paſſoit point ou fort
peu dans les ſens ; I'en diray vne
dont il me ſouuient, qui luy arriua
lors que nous eſtions à la petite
maiſon, où fut commencee la fondation du Monaſtere de la Mere de
Dieu dans Paris. Car cette bonne
ſœur eſtoit touſiours demeuree au
Monaſtere de l'Incarnatió, iuſques
au 7. iour de Septembre mil ſix cens
dixſept, qu'elle fut enuoyee à cette
fondation, auec la Mere Magdelaine de ſainct Ioſeph, Prieure, en
icelle, quand les Religieuſes vin-
drent au nombre de huict pour y
fonder: ce qui arriua par vne prouidence particuliere de Dieu, par laquelle elle auoit dit à la Mere Magdelaine pluſieurs fois auparauant,
ma Mere vo' m'aſſiſterez à la mort:
Elle demeura en ce petit Conuent,
iuſques au mois d'Octobre 1619.

D ij

qu'il fut tranſporté en l'Hoſtel de
Chaalons. Ie dis dõc que cette bonne Sœur y eut vn iour vn effect de
Dieu ſi puiſſant qui la forçoit de
parler, en ſorte qu'elle fut vne heure dans le jardin ſous vne treille,
marchant touſiours, & diſant ces
paroles : Dieu met en moy ſa puiſſance, Dieu met en moy ſa ſapien-
ce, & ſa ſcience : recomméçant continuellement les meſmes paroles, &
ſe paſſant en elle de grands effects,
leſquels elle ne peût iamais dire,
meſmes lors qu'elle rapporta cela à
la Mere Prieure, ce fut auec quelque
eſtonnement de ce que cela vouloit
dire, diſant qu'elle auoit fait tout
ce qu'elle auoit peu pour s'empeſ-
cher de cette action, mais qu'il
n'auoit pas eſté en ſa puiſſance. Ce
qui teſmoigne que l'eminence de
cette grace luy eſtoit en partie ou-

Effect puiſ-
ſant de
Dieu dans
le jardin.

uerte, afin qu'elle demeuraſt dans
l'humiliation, & dans l'ignorance
en laquelle on eſt en cette vie. Or
pour reuenir à ce que i'ay dit de cette voye de rigueur, que Dieu faiſoit
porter à cette ame en quelques ſortes d'effects ; & de ces paroles qu'il
luy auoit dites, que ſa voye qu'il
mettoit en elle ſeroit cachee. Il luy
fut monſtré que Dieu par ſes conſeils tres-grands & tres-ſaincts, la
cacheroit en trois ſortes: Par luy, en
ces rigueurs dont i'ay parlé: Par l'eſprit malin en pluſieurs tentations
qu'il permettroit qu'elle portaſt: Et
par la fragilité de la nature, en laquelle il la laiſſeroit en pluſieurs
choſes, conformément à la miſere
humaine, laquelle eſt baſſe, vile &
fragile. Pour la premiere ſorte dont
i'ay dit, qu'il luy fut monſtré que
Dieu la vouloit cacher en luy, i'en

D iij

Voyes de rigueur pour l'aui-lir.

ay desia dit quelque chose en ce discours, parlant de la maniere, dont sa
diuine Majesté la conduisoit, & en
parleray encores selon les occasiõs
qui s'en presenterõt. Pour la seconde, qui est des tentations de l'esprit
malin, i'en diray quelque chose, selon ce qu'il plaira à Dieu de m'en
donner memoire, & que ie verray à
propos d'escrire, sçachant que les
choses qui se passent dans les ames
de Dieu, ne doiuét pour la pluspart
estre cogneuës que dãs le Ciel. Pre-
mieremét il pleût à Dieu faire voir à
cette ame par plusieurs fois, les peines des enfers, en sorte que quelquesfois il luy est arriué d'en estre si
espouuantee & si estonnee, qu'elle
en perdoit la cognoissance l'espace
de deux heures, pendant lesquelles
elle n'entendoit, ne voyoit, ny sentoit aucune chose, demeurant cou-

chee par terre au lieu où elle se trouuoit. Et cela neantmoins ne luy est
iamais arriué que lors qu'elle estoit
seule, ou quelquesfois auec la Mere
Prieure, ou vne autre sœur au plus:
Et sur ce subject, il s'est passé tant de
choses que cette bonne ame a portees, que cela ne se doit, ny ne se
peut dire, ny iusques où Dieu auoit
permis aux esprits malins de la trauailler, & de luy faire sétir leur ma-
lignité, leur fureur, & leur rage, en
telle sorte que cette ame estoit en
des trauaux incomprehésibles. On
a trouué ces paroles escrites de sa
main, qui en declarent quelque *Elle est tou-*
chose; Ie suis toute pleine de tour- *te pleine de*
mens. Tesmoins en sont aussi quel- *tourmens.*
ques vnes de mes sœurs qui viuent
encores, lesquelles ont passé les
nuits & les iours auec elle, l'assistant
en ces angoisses, priant aupres d'elle

D iiij

& pour elle. Et aussi tost que cette
ame auoit vn peu de repos, elle s'offroit à Dieu pour porter encores dauantage de peine. Pendant qu'elle
estoit en cét estat de si grande souf-
frâce, nostre Seigneur s'apparut vn
iour à elle en croix, & luy monstra
quelque chose de la gloire des bien-
heureux, luy demandant si elle vouloit cette gloire; Elle estoit lors hors
d'elle mesme, & ayant perdu l'vsage
des sens, elle respondit qu'ouy, &
son esprit faisoit vn grand effort
pour y aller. Alors nostre Seigneur
luy monstra vne autre chose qui
estoit de la clöüer en la croix, & la
consommer dans les tourmens, luy
faisant voir qu'elle en auoit desia
beaucoup passé, mais non pas tout
ce qu'il auoit ordonné sur elle. Lors
cette ame quitta l'eslection qu'elle
faisoit d'aller en la gloire, & em-

braſſa la croix auec IESVS-CHRIST
crucifié. Elle diſoit, Ie me ſuis veuë
morte, ô ! ie n'eſtois plus en la terre:
recommençant ces paroles là pluſieurs fois. Il s'eſt trouué vn petit
papier, eſcrit de ſa main, que ie croy
deuoir mettre icy, où elle parle de
ces diſpoſitions, & de quelques effects de Dieu, qui ſe ſont paſſez en
elle, on ne ſçait pas en quel temps.
Elle dit donc ainſi. Vn iour ie me
trouuay interieuremét en vn grand
delaiſſement de Dieu, & voyois
mon ame toute ſeule, & abandon-
nee de luy. Ie pâtis beaucoup en ce
delaiſſement, apres quelque temps
tout ſe paſſa. Ie demeuray en grande paix, & fort occupee de Dieu,
me ſemblant que ie me voyois
comme morte, mon ame ſeparee
de moy, & comme crucifiee & attachee, de ſorte que ie n'auois nul

Elle parle des diſpoſitions interieures.

pouuoir d'operer chofe quelconque, qu'autant que Dieu le faifoit.
Et me femble qu'eftant en cét eftat
Dieu prit tout mon efprit, & le tira
à foy, afin que ie n'entendiffe pas
quelque chofe de particulier que
Dieu vouloit operer en moy, que ie
ne cognoiffois pas, & auffi que ie
ne peuffe plus vouloir ny faire chofe quelconque que ce que Dieu
voudroit & opereroit. Tout cecy
m'eftoit vne tres-grande fouffrâce,
& ne dura pas long téps: mais ie fuis
demeuree depuis comme toute occupee, de forte que quoy que ie face
mon efprit eft toufiours en Dieu.
Et en vn autre endroit elle a efcrit:
I'ay eu vne veuë de la pureté d'vne
ame, qui entre en la grace, & veü
noftre Seigneur IESVS-CHRIST
qui prenoit cette ame, & vouloit
vfer du pouuoir qu'il auoit fur elle.

I'eus vne gráde ioye de voir cela. Ce
fut à cette heure que ie perdis l'vsage de tous les sens, & me sembla que
ie me trouuay toute noyee en Dieu.
L'on a trouué encore cecy escrit
d'elle.

En la caue où s'est retiré autresfois
S. Denys, qui est dans le Monastere,
i'ay esté tiree hors de moy mesme,
& ay veu trois choses, l'Enfer & ses
horreurs espouuantables : Le Ciel,
dont ie ne puis rien dire, pource
que ce que i'ay veu surpasse les paroles humaines : & l'ame saincte de
IESVS-CHRIST, dont la pureté
est si admirable, que la pensee & la
souuenance retirent & occupent
tout mon esprit. Ce lieu dont nous
parlons est vne caue enserree dans
la closture du Monastere, laquelle
nous auons en grande veneration,
parce que l'on tient par tradition

que le grand S. Denys & plusieurs
autres saincts martyrs s'y sont retirez l'espace de deux ans, durant la
persecution contre les Chrestiens.
Ce qui est des trauaux des esprits
malins, & de ce que nous auons à dire là dessus, se reserue pour vn autre
lieu, comme aussi ce que i'ay dit
qu'elle estoit cachee dans ses tentations, & dans la bassesse de la fragilité de la nature. Surquoy il y auroit
bien des choses à dire. On a trouué
vn papier où elle dit ; Ie m'offre à
vous ô mon Dieu pour porter vos
rigueurs, pour porter celles de l'esprit malin, & celles de la nature: Celles de IESVS-CHRIST par hom-
mage à celles qu'estát le fils de Dieu
il a porté de son pere : Celles de l'esprit malin par la soumission que ie
dois au fils de Dieu, mesmes dans le
profond des Enfers: & celles de la

nature, par l'humiliation que ie dois
accepter, & voir en moy ce que ie
suis, iusques au point d'extremité, &
de rigueur, où il plaira à Dieu me le
monstrer. Apres que cette bonne
ame eut passé des annees dans l'estat
dont ie viens de declarer quelque
chose, nostre Seigneur luy monstra
son ame sainte, si excellente & diuine que cette veuë ne se peut pas rapporter. Il tiroit l'ame d'elle à entrer
dans la sienne, & luy sembloit qu'il
la regardoit ; Ie dis l'ame saincte de
IESVS-CHRIST regardoit & tiroit la sienne. Cette operation dura
quelques mois, laquelle operoit en
elle vne langueur incroyable : mais
cependant le fils de Dieu ne laissoit
pas quelques iours durant de se cacher, & luy laisser porter les efforts
malins dont nous auons parlé ; mesmes plusieurs fois l'esprit malin luy

Nostre sei-
gneur tire
l'ame d'el-
le dans la
sienne.

imprimoit de telles chofes, qu'elle
croyoit que cette ame fainte de I E-
s v s ne l'auoit plus agreable, & ne
la regardoit ny tiroit plus, ains que
c'eftoit pour fes pechez commis. Elle pâtiffoit en cét eftat grandemét,
& cela duroit tant qu'il plaifoit à
noftre Seigneur, lequel tenoit les
bornes & les limites du temps & de
l'extremité. Et fembloit que fa diuine Majefté prift plaifir à la faire
pâtir : & veritablemét il femble que
les paroles de Iob luy pouuoient
eftre appropriees, où il dit, *Contre la
feüille que le vent emporte, vous mon-
ftrez voftre puiffance.* Car cette ame
innocéte & enfantine, en apparéce,
fembloit eftre vn object des effects
de Dieu, les plus puiffans & les plus
penibles. Et en cét eftat toutes chofes fe conformoient à cela, en forte
que fainéte Magdelaine à qui elle

auoit grande deuotion , & la bien heureuse Catherine de Gennes s'apparurent à elle vn iour toutes couuertes d'espines. Or cette ame saincte du fils de Dieu l'ayant attiree quelque temps, comme i'ay dit cy deuant, il luy monstra de nouueau qu'il mettoit l'ame d'elle dans la sienne, elle croyoit lors que ce fust pour mourir, & pour estre separee du corps: mais cét effect n'estoit pas pour mourir, ains pour la faire souffrir, comme nous dirons cy apres: Et soit d'vne façon ou d'vne autre, soit au corps ou en l'esprit, toutes choses estoient remplies ou suiuies de la croix : Et elle ne le desiroit autrement, tous ses desirs estans d'endurer. Vn iour entendant dire à vne persóne qu'elle enduroit beaucoup de trauaux interieurs, & qu'elle eust bien desiré en estre deliuree, elle en

Apparitions de saincte Magdelaine, & de saincte Catherine de Gennes.

Ses desirs estoient d'endurer.

demeura fort eſtónee, & ne le voulut iamais croire, diſát que celle qui
luy parloit, le diſoit par humilité, &
qu'elle ne voudroit pas croire d'vne
ame de Dieu, qu'elle deſiraſt ſortir
de la croix, & elle le croyoit aſſeu-
rément : & euſt fait grand ſcrupule
d'auoir demandé à Dieu le moin-
dre addouciſſement en ſes peines,
telles qu'elles fuſſent ; quelques eſ-
pouuantables & eſtranges qu'elles
peuſſent eſtre ; Et ne regardoit
point ce que c'eſtoit qu'elle portoit,
ny ne s'y arreſtoit point, ains s'eſle-
uoit à l'ordonnance diuine, & s'y
vniſſoit de toutes ſes forces, demeurant là attachee & arreſtee égale-
ment en tout ce qui luy arriuoit.
Or pour continuer à parler de cette
operation qu'il pleût à noſtre Seigneur faire en elle, par ſõ ame ſainte ; elle ſembloit l'auoir attiree en elle

le pour luy communiquer quelque
chose des souffrances qui luy a pleu
par son infinie misericorde de souffrir en terre pour les hommes:parti-
culierement il luy imprimoit quelque chose du delaissement du Pere
eternel qu'il porta en la croix , lors
qu'il dit, Mon Dieu, mõ Dieu, pourquoy m'auez vous delaissé : cela faisoit en elle vn effect si grãd, & si extreme, qu'elle croyoit retourner au
neant , exprimant sa peine , tantost
par le nom d'aneantissement , mais
plus ordinairemẽt par celuy de priuation , luy semblant que Dieu luy
faisoit porter vn retirement de luy
qui luy estoit insupportable , non
pas qu'elle veist que Dieu se retiroit
d'elle par la grace necessaire à salut,
ny par aucune sorte de grace , mais
c'estoit vne maniere de priuation,
dont Dieu vsoit sur elle par vne sor-

E

te d'espreuue & de souffrance, qu'il
luy plaisoit faire porter à l'ame, laquelle ne se peut pas expliquer, parce que côme elle estoit toute diuine, on n'y peut quasi trouuer de ter-
me, ny de nom, & n'en peut-on
donner autre raison, sinon que celuy qui est tout puissant l'a voulu,
& l'a fait ainsi. Il y a quelques personnes à qui elle en a parlé plusieurs
fois, qui sçauent bien que ie dis
vray, & qu'il y en a bien d'autres
que ce que ie mets icy, n'ayant escrit que l'ombre de ce que i'en sçais,
& de ce que ceux à qui elle se des-
couuroit en sçauent. Et si ils en sçauent peu au regard de ce qui en
estoit, cette ame ayant esté cachee à
elle mesme, & aux autres, pour la
plus grâde partie iusques à la mort;
Les ames à qui Dieu aura donné experience de cette voye icy l'enten-

dront, & les autres auront s'il leur
plaist seulement quelque deuotion
à ses trauaux, & à ce que Dieu a ay-
mé & operé en elle. On a trouué vn
petit papier escrit de sa main, où il y
a ces paroles : Ie vois que mon ame
doit estre reduitte à n'auoir plus
qu'vn consentement au regard de
Dieu. Elle vouloit dire, ie vois que
tout doit estre aneanty en moy, excepté vn acte de consentir au vouloir de Dieu. Et elle poursuit. C'est
à dire que ie seray vne chose toute
consommee par la puissance de
Dieu : Ie ne puis dire la priuation
que ie porte, parce qu'elle est de
tout ce qui est non seulement des
choses qui sont hors de Dieu, mais
de Dieu mesme, & par luy mesme.
Ces paroles portent beaucoup à qui
les pourroit bien expliquer, & à qui
Dieu auroit donné son esprit, pour

cela. On a trouué encores d'autres
paroles escrites d'elle en vn petit papier, par lesquelles on pourra con-
ceuoir quelque chose de la grande
priuation qu'elle portoit, ce qu'elle
exprimoit comme elle pouuoit, &
auec tres-gráde difficulté pour l'ordinaire, & en termes fort brefs, & de
peu de paroles, mais pleines de sens
& d'éleuation tres-grande & tres-
saincte. Et bien souuét elle recommençoit à plusieurs fois vne mesme
chose, sans la pouuoir acheuer, disant vn mot sans pouuoir dire le second, ou le troisiesme. Et ainsi cette
ame parloit & agissoit, selon ce qu'il
plaisoit à Dieu qu'elle feist, ou plustost luy de faire en elle: car cette diuine Majesté aüoit pris vn si grand
pouuoir sur elle, qu'il ne luy restoit
rien d'elle, dont elle peut vser, selon
le cours & l'vsage ordinaire, que

nous auons de nous mesme. Et elle
disoit fort souuēt, Ie n'ay plus rien à
moy, ie ne suis plus à moy, vne puissance au dessus de moy me possede,
& me tient toute, ie ne puis plus
agir que ce qu'elle me fait faire, ou
ce qu'elle me permet de faire: c'est
pourquoy elle ne parloit pas beaucoup, ny souuent, aux personnes
auec qui elle estoit, ne sçachant si
Dieu luy donneroit pour leur satisfaire, & les ayder. Elle le faisoit
neātmoins quelques fois, leur donnant de tres-sages conseils: Et cela
estoit lors qu'il plaisoit au sainct Esprit de deslier son intelligence, &
luy en rendre l'vsage, qu'elle disoit
des choses tres-grandes & tres-belles : & sur tout auec deuotion de
parler aux ames qui estoient en
quelque peine ou tentation, qu'elle conuioit fort d'aller à IESVS-

Se couuroit neātmoins les ames qui estoient en paix & en tenta-tion.

CHRIST crucifié, par les actes de
leur volonté, sanss'arrester à con-
siderer d'où venoient leurs peines,
si c'estoit par leurs fautes, ou pour
leurs pechez, disant, de quelque
part que cela vienne, c'est à Dieu à y
remedier, ne vous arrestez point en
vous mesme, ains allez à cette diuine Majesté, telle que vous estes, &
luy offrez vos miseres & vos petites
peines, puisque vous n'auez autre
chose à luy dõner; il faut incessamment aller à Dieu, telles que nous
sommes: Il cognoist bien l'homme
& ses defectuositez, & sçait bien
que nous ne luy pouuons rien pre-
senter de nous, qui ne soit tres-vil
& tres-abiect, & il ne laisse de nous
tirer sans cesse à luy par son infinie
misericorde, & son tres-grand
amour; Et elle les laissoit fortifiees
& encouragees pour bien vser de

leurs dispositions. Il y eut vne bonne ame, laquelle s'estant addonnee
au seruice de Dieu & à l'oraison, &
ayant quitté les vanitez du monde,
Nostre Seigneur permist qu'il luy
arriua plusieurs effects d'illusion,
l'esprit malin se transformant en
Ange de lumiere, qui luy apparois-
soit en diuerses façons sous la forme de I E S V S-C H R I S T, de la Vierge, & des Saincts : cette bonne personne receuoit tout cela, ignorant
que ce fut tromperie, & croyoit y
honorer Dieu : mais ayant sçeu que
ce n'estoit pas ce qu'elle pensoit, elle s'en retira : Et ce fut par les conseils, & l'ayde qu'elle receut de cette
bonne ame, laquelle la sollicita de
se retirer de cette maniere de visiós
& reuelations, luy aydant par ces
aduis & communications à prendre vn autre & plus asseuré chemin :

E iiij

ce que ie dis pour monſtrer quelque preuue de ce que nous auons
dit, que Dieu luy donnoit facilité
& capacité de tout ce qui luy plaiſoit, & ce à quoy il ſe vouloit ſeruir
d'elle, & ſelon ce qui eſtoit neceſ-
ſaire aux conſeils qu'il auoit ſur elle, & ſur les autres. Mais pour reuenir à l'operation dont i'ay parlé de
l'ame ſaincte de IESVS-CHRIST,
cette preſence dura enuiron vn an,
pendant lequel ces effects de ſouffrance que i'ay dits, & d'autres que
ie n'ay pas mis, ſe paſſoient en elle.
Et en ce meſme temps ſainct Gabriel luy fut donné pour ſon aſſiſtance, lequel elle voyoit ſouuent
en eſprit par l'eſpace de pluſieurs
iours. Et elle eut au reſte de ſa vie
grande deuotion à ce grand Ange,
luy faiſant tous les iours quelque
deuotion, comme auſſi à pluſieurs

*Elle a aſſi-
ſtance de
S. Gabriel.*

Saincts qu'elle a laissez par escrit en vn petit papier. Entre les sainctetez ausquelles elle auoit particulierement recours, estoient l'enfance de IESVS-CHRIST, & son ame saincte, la sainte Vierge, sainct Gabriel, sainct Iean Baptiste, sainct Pierre & sainct Paul, nostre mere saincte Therese, saincte Magdelaine, saincte Catherine de Gennes, saincte Marie d'Egypte, saincte Thaïs, & saincte Tecle, laquelle luy est apparuë, luy monstrant la grandeur des souffrances qu'elle auoit euës en la terre, & la gloire qu'elle en receuoit dans le Ciel. A la feste de cette saincte, nostre Seigneur luy monstra qu'il luy rendoit sa premiere pureté, & elle s'en vit reuestuë comme d'vn manteau, exprimant cette vision par ces mesmes termes, l'ay veu mon ame reuestuë de pureté, com

me d'vn manteau : cela luy donna
par plusieurs iours de grãds effects,
& lors c'estoit auec quelque consolation, ce qui luy arriuoit quelques
fois, mais rarement : aussi ne le desiroit elle point, ains au contraire desiroit tousiours souffrir. En ce mesme temps se passerent par elle plusieurs choses extraordinaires. Elle

dit vn iour à vne Religieuse, Dieu
m'a obligee de vous dire qu'vne
chose que vous eustes hier en la pé-
see, (luy marquant l'heure, & sans
luy dire la chose qu'elle mesme ne
sçauoit pas) vous arriuera, & que
vous vous y disposiez : cette Religieuse fut fort estonnee, parce
qu'elle n'auoit parlé de cela à personne, & il est arriué depuis, ainsi
qu'elle luy auoit dit. Elle veit beaucoup de choses qui concernoient
l'estat de nostre Ordre, comme

aussi de plusieurs ames en particulier, qu'il n'est pas à propos de mettre icy, & en cela elle penetroit des
choses cogneuës de Dieu seul: c'e-
stoit au temps qu'elle estoit hydro-
pique, & qu'elle se preparoit à la
mort, mais la diuine Majesté vouloit autre chose d'elle. Depuis Dieu
l'appella à luy d'vne façon diuine,&
tres-singuliere: & l'ame saincte du
fils de Dieu la tira dans vne operation de la tres-saincte Trinité,ainsi
que nous auons dit, dont elle n'est
point sortie iusques à la mort,& cecy a duré cinq ou six annees. Cette
operation de Dieu estoit si simple
& si esleuee, qu'il n'est pas possible
de l'expliquer,& de temps en temps
elle se simplifioit dauantage : c'est à
dire elle simplifioit l'ame qui la receuoit pour la rendre plus apte , & *Elle parle*
plus capable de la porter, & lors elle *des hauts mysteres.*

diſoit beaucoup de choſes de l'vnité de Dieu, de la ſimplicité de Dieu,
& de l'eſtre increé, & autres choſes
ſemblables : Elle demandoit ſouuét
à la Mere Prieure permiſſió de parler à quelques perſonnes doctes &
ſçauantes, pour s'eſclaircir auec eux
ſur quelques penſees qu'elle auoit
en l'eſprit, de ce tres-haut & tres-
ſainct myſtere ; & lors qu'elle leur
parloit, elle le faiſoit ſans leur teſ-
moigner que ce fuſt pour les rai-
ſons qui la mouuoient à cela, ains
elle diſoit que c'eſtoit pour s'eſclaircir de ſa foy, & faiſoit des demandes
ſi eſleuees, que ceux à qui elle parloit
en eſtoient tout eſtonnez. On a
trouué ces paroles qu'elle a eſcrites ;
Ie ſupplie noſtre Seigneur, ne ſe
point contenter d'eſtre en moy par
preſence, puiſſance & eſſence, mais
d'y eſtre par grace : & y eſtant par

grace, ie supplie le Pere eternel d'en-
gendrer son Fils en moy, par les merites duquel ie sois reuestuë de IESVS
le mesme fils, & que ie n'opere plus
rien, mais que IESVS-CHRIST
opere en moy, & que par ses mesmes merites le Pere eternel me regarde de son œil de compassion,
non plus comme moy, mais côme
son Fils en moy. Or de dire en quel
estat estoit l'ame là dedans, & côme
Dieu par sa toute puissance mesloit
des souffrances dans vne chose si
haute & si esleuee; i'ay dit dés le cô-
mencement n'en pouuoir parler: il
suffit de dire que cela a esté, & qu'il
se verra au iour du iugemét, pour la
grande gloire de cette ame, & pour
loüer à iamais celuy qui en est l'autheur : il sera neantmoins facile à
comprendre, (veu les voyes que i'ay
dit, que Dieu tenoit sur elle, pour la

purifier, auec vn amour tres-grand
& tres-admirable, mais neantmoins
couuert de rigueur & de seuerité,)
que par cette presence tres-saincte,
& tres-sacree de la tres-saincte Trinité, plus pure, plus simple & plus
nette que la mesme netteté , ces
operations purifiātes ont esté grandement dures à l'impureté de la
creature , & cette simplicité à sa
multiplicité, & sa netteté aux soüillures, que le peché originel a laissé
en nos ames : Ioinct aussi que de
temps en temps, Dieu luy couuroit
cette saincte operatiō : Et les effects
dont nous auons parlé cy deuant
estoient plus grāds qu'auparauant,
& luy estoient plus insupporta-
bles ; ie parle des combats de l'esprit
malin : & en ces interualles là qui
estoient bien longs, & quelque fois
de plusieurs mois, elle portoit des

tourmens si grands, que souuentes-
fois elle reïteroit ces mesmes paroles, Mon Dieu où suis ie, mon Dieu
où suis-ie ; ce qu'elle disoit d'vne
voix pitoyable & lamentable, parce que lors, comme nous auons dit,
Dieu luy cachoit & ostoit la souuenance des choses grandes & sainctes qu'il auoit faites en elle. Estant
vn iour en grande extremité de peines de cette sorte, elle sentit secours
de quelque Sainct du Ciel, & lors
se retournant vers celuy qui luy
donnoit ayde, elle luy demanda
qui est-ce qui m'assiste, & elle en-
tendit vne parole, c'est Thaïs la Pe-
nitente, & depuis elle la mist entre
ses deuotes, & la prioit fort souuét.
Cette saincte adiousta que quand
elle seroit en ses trauaux interieurs,
elle se recommádast à elle, & qu'elle en auroit soing, d'autant qu'elle

eſtoit aduocate & puiſſante auprés
de Dieu, pour les ames qui ſouf-
frent. En ces temps là il mourut vne
perſonne de la Congregation de
l'Oratoire, vers laquelle elle auoit
beaucoup de charité, & ayant ſçeu
ſa maladie, elle ſiſt de grandes deuotions, penitences & prieres pour
luy ; en fin ayant ſçeu qu'il alloit
mourir, elle demanda à Dieu qu'il
luy dónaſt par miſericorde au moment de ſa mort ce qu'il euſt acquis
auec ſa grace par les actions ſainctes
& vertueuſes, qu'il euſt prattiqué
en ſa vie s'il luy euſt pleu de l'y laiſſer, ſelon le cours ordinaire : car il
mourut fort ieune, & auec de gráds
deſirs de la perfection : Or eſtant
mort, il s'apparut à elle, luy diſant
que ſes prieres auoient eſté exau-
cees, & qu'il eſtoit en la gloire en
lieu fort eminent. Dieu luy auoit

donné

donné vn grand soin de cette saincte compagnie de l'Oratoire de Iesus, & luy monstra beaucoup de
choses des desseins qu'il auoit sur
cét establissement, mais ie n'en diray pas dauantage. Ce bon person-
nage dont nous venons de parler
luy apparut plusieurs fois depuis sa
mort. Et elle luy auoit grande deuotion, & garda son chappellet iusques à la mort, l'ayant en sa maladie
iour & nuict en son col, & le disoit
tous les iours iusqu'à vingt-quatre
heures deuant que de mourir; car
elle estoit fort soigneuse d'honorer
Dieu par l'oraison vocale, aussi bien
que par la mentale: & mesmes lors
qu'elle eut sa derniere maladie, qui
fut vn an deuant sa mort, & dont
elle ne reuint iamais entierement
en santé, ayant la fiéure cinq mois
durant, & en estant tellement debi-

litee, qu'elle ne pouuoit plus dire le
Breuiaire , elle difoit les *Pater* qui
font ordónez pour les fœurs Layes
de noftre Ordre : & aduenoit quelquefois que par l'occupation interieure de fon efprit , elle oublioit
où elle en eftoit , recommençant
plufieurs fois vn *Aue Maria* : Elle
a dit à la Mere Prieure plus de cin-
quante fois auoir paffé des heures à
toufiours recommencer , & ne s'en
ennuyoit point , & quand l'on la
vouloit difpéfer de dire ces *Pater*, &
ces *Aue*, elle prioit qu'on la laiffaft
continuer , & ainfi en toutes chofes
qui eftoient en fa puiffance , elle ne
negligeoit rien , ayant tres-grand
foin de l'exercice de toutes les vertus. Nous dirons à ce propos
qu'ayant tres-grand defir d'eftre ad-
uertie de fes fautes, elle pria vne de
nos fœurs du voile blanc , qui font

les sœurs Layes, de luy dire ses im-
perfections, & de les luy dire auec la
rigueur & la verité, qu'elle eust voulu qu'on luy eust dit à elle mesme;
cette sœur estoit souuent auprés
d'elle en ses maladies: En fin elle eut
touchement de Dieu, de faire ce dõt
noftre bonne sœur la prioit, & luy
dit tout ce qui luy vint en l'esprit
pour humilier vne ame, & l'aduertit
des choses où elle eust peu rendre
plus de perfection à son aduis. Cette ame le prit auec vne humilité
tres-extraordinaire, & difoit : Ie regarde Dieu, parlant par cette creature, & ie me sés soubmise & assubjettie à elle, comme vn enfant à sa
gouuernante, & me voy si petite deuant elle que ie n'ose pas leuer les
yeux. Cette prattique de vertu dura
quelque mois, iusques à ce que nostre Seigneur en eust tiré son con-

feil tres-grand, & tres-fainct en toutes chofes fur cette ame. Ie repren-
dray en cét endroit le difcours de fes
fouffrances, & diray quelque chofe
d'vne forte de peine que ie luy ay
veu porter, qui eftoit prouenante
d'vne operation de l'enfance de
noftre Seigneur IESVS-CHRIST.
Elle auoit grande deuotion aux
neuf mois que le Fils de Dieu auoit
efté dans les tres-fainctes entrailles
de la Vierge Marie, & elle difoit
qu'il luy eftoit môftré que l'enfant
IESVS portoit lors vne grâde captiuité, eftant auffi parfait en ce temps
là, & ayant l'vfage de la raifon auffi
parfaict comme lors qu'il mourut,
difant; Il a pris deflors la croix pour
les hômes, & vne croix tres-grande.
Car difoit-elle, Quelle plus eftroit-
te & obfcure prifon peut-il auoir
que celle là, & encores il ne pouuoit

par l'ordonnance de son Pere eternel, ny parler, ny aduancer l'ordre
qui est posé de Dieu en la nature: Et
ainsi Dieu tout puissant estoit lors
par la volōté de son pere & la sienne lié, captif, & en prison. Il s'est
trouué vn papier qu'elle a escrit, où
elle dit : O quel aneantissement du
Fils de Dieu en enfance, de vouloir
estre appellé enfant, non seulement
estre appellé enfant, mais estre dans
le ventre de la Vierge, sans veuë ny
ouye, ains comme vn autre enfant:
ô quel aneantissement, la puissance
se faire impuissance, bref Dieu se
faire enfant. Or le sentiment de
captiuité luy estoit quelquesfois
imprimé si viuement qu'elle souffroit beaucoup, & se sentoit tellement liee dans l'esprit, & dans ses
puissances, qu'elle ne pouuoit agir
en sorte que ce fust: & en cela il s'est

passé diuers effects en elle, dans lef-
quels elle a grandement fouffert, &
difoit qu'en ce temps là cette diuine
enfance luy ofta fa liberté. Ie croy
qu'elle vouloit dire que cette fain-
&te enfance s'eftoit appropriee fa liberté, & l'auoit renduë toute fien-
ne : & cela fut dés le commencemét
que cette diuine enfance du Sauueur du monde opera en elle. Et il
luy fembla qu'elle auoit efté dõnée
à fes Superieurs pour elle, & qu'ils
auoient pouuoir de difpofer d'elle,
comme il leur plaifoit. Et de vray il
s'eft veu plufieurs fois par experience, qu'elle ne pouuant pour l'occupation grande de fon efprit, & pour
l'extremité de fes peines, faire quelquesfois vn feul acte, ceux qui a-
uoient foin de fon ame l'appellant,
& difant ce qu'ils defiroient qu'elle
fift, à l'heure mefme elle fe trouuoit

en la sorte que l'obeïssance desiroit
d'elle. Et cela s'est veu mesmes dans
les choses exterieures, que ne pouuant faire quelque chose, luy estant
dit par vn Superieur ou vne Superieure, la puissance de le faire luy
estoit donnee au mesme temps : Et
lors qu'ils luy commandoient quelque chose, elle la faisoit auec vne si
grande simplicité, qu'elle n'eust pas
voulu faire vn seul retour sur leurs
paroles : l'on a trouué quelque chose qu'elle a escrit sur l'obeïssance, où
elle dit, Ce sont les effects que pro-
duit l'obeïssance aueugle, qui est
que lors que l'on nous commande
quelque chose difficile, & en quelque maniere qu'il semble n'y auoir
pas de raison, lors dis-ie l'ame re-
nonçant à son sens & à sa raison, &
se confiant en son Dieu, s'abandon-
ne à la saincte obedience, la prenát

F iiij

pour ſa garde & conduite, ſe trouue auec pouuoir & facilité de l'accomplir. Pour reuenir donc à ce
que nous diſions de l'enfance ſaincte du Sauueur du monde, & des
graces qu'il faiſoit à cette ame de
luy imprimer quelque choſe des
peines qu'il a portees en ſon enfance pour la gloire de ſon pere : Ie diray ſeulement que les ſentimẽs ont
eſté en elle par vn long temps, & en
diuerſe maniere, & non ſeulement
de cette diuine enfance, mais des
autres eſtats de ſa vie, il a pleu à ſa
diuine Majeſté luy communiquer
quelque choſe des amertumes qu'il
a portees, & quelquesfois luy en
communiquoit de deux ou trois à
la fois, ce qui la mettoit en grande
extremité, luy monſtrant neantmoins touſiours que ce qu'elle ſentoit n'eſtoit en comparaiſon des

peines que luy mesmes auoit portees, que comme vne goutte d'eauë
au regard de la mer. Ce qui est bien
veritable : mais outre ce qu'il est
vray en soy, nostre Seigneur luy
voulut donner cette lumiere. Elle
eut aussi vn grand sentiment des
trauaux que cette enfance saincte
auoit porté en la fuite en Egypte, &
elle en auoit plusieurs pensees : Elle
disoit, Cét enfant voyoit tous les
perils où il estoit, tout ce qui se faisoit pour le tuer, & demeuroit captif par l'ordonnance de son pere
eternel, sans parler ny dire ce qu'il
falloit faire en ce subject. Elle auoit
vne grande deuotion aux saincts
Innocens, & disoit que leur martyre honoroit tout ce qui estoit de
IESVS-CHRIST, mais particulierement son enfance : & il luy fut
monstré que lors qu'ils furent mar-

sa deuotiõ aux Saincts Innocens.

tyrifez , que comme ils n'auoient
point l'vfage de la raifon, ny de leur
volonté, que l'enfant I E S V S offroit
la fiéne à fon Pere pour eux, & rendoit au pere eternel en leurs perfonnes ce qu'ils euffent fait s'ils euffent
eu la cognoiffance & la capacité
d'agir. Elle les inuoquoit fouuent,
& en receuoit de tres-grands fe-
cours. Elle auoit grande deuotion
à plufieurs autres Sainéts, ainfi que
nous auons dit , mais fur tout celle
de la Magdelaine tenoit le lieu
principal en cette ame : I E S V S-
C H R I S T la donna en garde à cette
grande fainéte,& luy monftra qu'il
luy donnoit pour fa mere, & pour
l'affifter iufques à la mort. Elle eut
vne tres grande charité pour les
œuures de Dieu : Et vn iour du téps
de ces dernieres guerres contre les
heretiques rebelles, Dieu luy mon-

ſtra qu'il la chargeoit des beſoins
de la France, & qu'il vouloit qu'elle
priſt cela ſur elle: ce qu'elle accepta,
& dit à noſtre Seigneur : Bien mon
Dieu, i'auray ſoin de la France, & de
voſtre peuple , & vous aurez ſoin
de moy : Et en effect tout le temps
que les affaires de la guerre durerẽt,
elle dit à la Mere Prieure qu'elle n'a-
uoit rien demandé à Dieu pour elle, & elle eſtoit en vn ſoin de l'eſtat
des affaires , tout ainſi que ſi elle
n'euſt rien eu autre choſe dans l'eſprit : & demandoit ſouuent à la
Mere Prieure, Comment eſt-ce que
tout va, a-on pris vne telle ville, ou
fait quelque aduance, ou eu quelque victoire; & ainſi s'en enqueroit
ſelon l'occaſiõ, & les choſes où l'on
trauailloit. Elle auoit vn tres grand
ſoin de prier pour leurs Majeſtez, à
ſçauoir le Roy & les Reynes, & de-

mandoit à Dieu de grandes choſes
pour eux. Nous remarquons cecy
particulierement en cette vie, parce
que nous croyons que cela donnera enuie à ceux qui la lirõt de prendre cette meſme deuotion, puis que
Dieu monſtre qu'elle luy eſt agreable, en ayant chargé vne ame tant
aymee, & cherie de luy. Il n'eſt pas
croyable la peine qu'elle ſentoit,
quand elle oyoit parler de quelque
choſe où Dieu eſtoit offenſé, & elle changeoit de couleur & de viſa-
ge : en ſorte que cela eſtoit tres-
manifeſte. Elle faiſoit de grandes
penitences pour les pecheurs, & offroit ſouuent ſes peines & trauaux
pour leur conuerſion : Elle portoit
quelquesfois des choſes deuës a
leurs pechez, & Dieu vſoit vers elle
de la meſme ſeuerité, que ſi elle euſt
eſté deuant luy pour payer pour

eux. Il luy dit vne fois comme dans
vn grand courroux, Ie te regarde-
ray en sens reprouué: Et cette pauure ame demeura patiente, humiliee, & abbaissee deuant Dieu, comme si elle eust esté coulpable de tous
les pechez du monde; & estoit en
vne si grande extremité de peines,
qu'elle ne faisoit que pleurer, & on
l'en a veuë comme hors d'elle mesme, ne sçachant plus ce qu'elle feroit & deuiendroit, estant en vne
extrême apprehension du salut des
pecheurs, sur la rigueur tres-grande
qu'elle voyoit que Dieu exerçoit
côtr'eux, puisque ce qu'elle en portoit en la vie estoit capable, si le plus
grand pecheur en eust veu & senty
quelque chose de luy faire quitter
tous ses pechez, & faire penitence.
Ces peines luy durerent douze ou
quinze iours, & puis cela fut effacé:

Et elle en demeura en vne pureté &
esleuation dans l'amour pur de
Dieu, qui n'est pas croyable. Elle
disoit plusieurs choses tres-belles,
ô amour que tu es beau, que tu es
Sainct, que tu es desirable : Ie ne
veux autre object que toy. Et puis
elle disoit, Que la terre m'est penible, ô quel lieu de tenebres, ô quel
bannissement ! Elle recommençoit
plusieurs fois ces paroles, & autres
qui n'ont pas esté recueillies : cecy
estoit au temps qu'elle approchoit
de sa fin, de laquelle auant que de
parler, nous dirōs vne chose qui luy
arriua en ce Monastere de la Mere
de Dieu; c'est qu'il passa vn iour par
cette ville vne personne Religieuse, laquelle vint en cette maison , &
parla à la Mere Prieure , & autres
Religieuses qu'elle cognoissoit: Entre les autres la Mere Prieure sit ve-

nir cette bonne ame, pour luy faire
plus d'accueil, & luy recommanda
fort de luy tesmoigner toute la charité qu'elle pourroit : ce que cette
bonne sœur, comme tres-obeïssan-
te, luy promit, & croyoit le faire
ainsi, son obeïssance estant si since-
re, & si veritable, qu'elle n'eust voulu faire vn seul retour sur les volontez de sa Superieure. Comme donc
elle fut venuë pour parler à ladite
personne, au lieu d'approcher d'elle, & faire ce qu'elle auoit proposé,
elle sentit vn effect interieur de
Dieu, & vne lumiere qui luy donna
vne si grande auersion d'elle, qu'elle
ne la pouuoit supporter: & fut contrainte de se reculer en arriere: dont
la Mere Prieure estōnee la tira dou-
cement sans faire semblant de rien,
pour sçauoir ce qu'elle auoit, & d'où
venoit ce grand changement : Sur-

quoy elle luy refpondit : Cette ame
a quelque chofe qui déplaift à la
Mere de Dieu, & ie ne la puis fup-
porter : & quelque effort que ie me
face, ie n'en puis approcher. Elle difoit cela auec vne innocéce fi grande, & fi douce, que l'on ne pouuoit
douter que la chofe ne fuft ainfi
qu'elle la difoit : Et auffi peu apres,
on vit que ce qu'elle auoit dit eftoit
veritable : car cette perfonne tomba en quelques defectuofitez tres-
notables, pour croire qu'elle auoit
contreuenu aux volontez de Dieu,
& de fa tres-fainéte Mere.

Ie diray encores icy, puifque i'ay
commencé à parler des chofes que
Dieu luy a monftrees auant qu'e-
ftre arriuees, que durant les orages
qu'il a pleu à Dieu permettre contre cét Ordre, la Mere Prieure luy
en parlant, & luy difant tout ce
qui

qui y arriuoit, parce qu'elle sçauoit
l'affection grande & extraordinaire qu'elle y portoit, & le desir qu'elle auoit que toutes les ames fussent
reünies ensemble, & cheminassent
en la perfection, où elle voyoit que
Dieu les appelloit : comme dis-je,
elle parloit de cela, en vn instât cette bonne sœur changea de façon :
Et comme d'vne profondité d'esprit, elle dit ces paroles : Le cõmencement de cét Ordre a esté tres bon, *Elle parle*
le milieu encores meilleur, & la fin *de la sain-*
sera plus saincte, regarda la Mere *cteté de*
Prieure, & recommença cela plu- *l'Ordre.*
sieurs fois : & comme la Mere luy
demanda, Pourquoy dites vous
cela ? Elle luy respondit, Dieu m'o-
blige à vous le dire, mais ie n'ẽ sçais *Elle a vẽu*
pas dauantage. Elle dit vne autre *la Vierge*
fois, I'ay veu la Vierge tenant tou- *tenãt tout*
tes nous autres sous son manteau : *l'Ordre*
sous son
manteau.

G

Et non seulement, dit-elle, celles de cette maison, mais tout l'Ordre : & disoit cela si naïfuement, & d'vne façon si douce, qu'il sembloit que l'on oyoit parler vn petit Ange. Sa façon estoit si deuote, que toutes les Religieuses prenoient plaisir d'estre auprés d'elle, & à la voir, encore qu'elle ne leur dist mot ; car bien souuent elle ne pouuoit parler, à cause de ses infirmitez : & en verité elles auoient raison d'auoir cette charité pourelle, car elle l'auoit tresgrande pour elles, & croy qu'elle eust mis sa propre vie pour leur perfection. Et pour le regard de nos Reuerends Peres Superieurs, qu'il a pleu à sa Saincteté nous dõner pour le gouuernement de nostre Ordre en France, il ne se peut dire l'honneur qu'elle leur portoit : plusieurs sçauét combien elle s'estimoit heu-

reuse quand elle auoit seulement
leur Benediction, & la receuoit auec
tát d'humilité, qu'il sembloit qu'elle se deust mettre sous la terre ; Durant ces grandes trauerses de l'Ordre, quand elle les voyoit, ils la tou-
choient beaucoup, & pleuroit: Elle
disoit souuent, ô mon Dieu, seroit-
il bien possible que les esprits malins qui combattent sans cesse la
grace que nous receuons par ces
ames là, eussent puissance de nous
les oster, & l'vnion que tous nos
Monasteres doiuent auoir à eux : &
qu'ils peussent nous retirer de la
puissance de ceux que Dieu nous a
donnez, qui tiennent lieu de luy
pour nous en la terre: car en verité,
ils nous conduisent selon Dieu, &
non comme hommes, car vostre
esprit est en eux, mon Dieu, pour
nous assister & conduire, dont nous

receuons tant d'ayde & de grace.

Pour parler donc de sa fin, elle commença à estre malade le troisiesme de Feburier mil six cés vingt-deux, & il luy prit vn vomissement, & la fiéure qui luy dura cinq mois, pendant lesquels elle se leuoit quelque peu, & alloit quelquesfois par la maison: Elle eut de grandes douleurs en cette maladie, & interieurement elle veit que l'amour de Dieu, & les effects de sa grace souffrante la consommeroient toute, ce qui arriua ainsi qu'elle l'auoit dit : car lorsqu'elle est morte, il ne paroissoit plus rien d'humain en son esprit: & en son corps n'y auoit plus du tout de chair, & ne resta rien que la peau sur les os : En sorte que cela estoit si pitoyable, que quelque Religieuse ayant touché quelqu'vn de ses os auant sa mort, ne peut s'empescher

de s'escrier : & celles qui l'habille-
rent pour la mettre dans la sepultu-
re, estoient toutes espouuantees,
d'autant que son corps paroissoit
vne vraye anatomie ; en telle sorte
que sans y toucher, l'on luy eust
comté par la veuë toutes les costes
& les os, comme s'ils eussent esté se-
parez l'vn de l'autre : & à present
que i'escris cecy, vne de mes sœurs
qui ayda à luy rendre cette charité,
m'a dit, qu'elle auoit eu en la voyant
l'esprit tout effrayé, voyát vne peau
si bandee sur les os, que c'estoit chose estrange, qu'elle ayt peu tant subsister. Ie diray icy ce qu'elle dit à la
Mere Prieure, il y a assez lóg temps,
parlát de sa mort : elle luy dit qu'elle n'y arriueroit pas par la nature,
ny par les voyes ordinaires ; ce que
l'on peut dire auoir esté véritable, la
mort n'estant suruenuë que par la

cessation de tout ce qui peut donner subsistence au corps & à la vie,
& cela auoit esté consommé par les
effects, & les efforts interieurs de la
grace de Dieu : ce qui est conforme
aussi en quelque chose, à ce qu'elle
dit à quelqu'vne de nos sœurs, laquelle peu deuant que de mourir,
luy demandant comment elle se
portoit, elle luy respondit, Ma maladie est bien plus grande en ce qui
consomme mon esprit, que dans le
mal de mon corps. Elle dit aussi lõg
temps auparauant à la Mere Prieure qu'elle seroit à sa mort, ce qui est
ainsi arriué. Elle auoit grande deuotion aux annees de nostre Seigneur
& elle demandoit à Dieu de n'estre
pas plus long temps en la terre, qu'il
y auoit vescu ; ce qui luy a esté o-
ctroyé, estant morte à trente trois
ans. Pour reuenir donc à nostre

*Elle demã-
doit à Dieu
de mourir
à 33. ans.*

propos, & au discours de sa mort,
cette fiéure qu'elle eut l'espace de
cinq mois, qui estoit tantost tierce,
tantost quotidienne, & autrefois
continuë, commença vn peu à diminuer, & à la fin la laissa quasi toute, ou si elle en auoit, c'estoit fort
peu ; elle commença lors à reprendre quelque chose de la regle, spe-
cialemét à manger maigre, ce qu'elle desiroit fort obseruer, & falloit
qu'elle eust de grandes foiblesses a-
uec ses maladies, quand elle se rendoit à manger de la viande: non pas
qu'elle voulust resister à ce qu'on
luy disoit, estant trop obeïssante
pour ne se pas soumettre en cela à
sa Superieure ; mais elle prioit auec
tant d'humilité, qu'on ne pouuoit
luy refuser. Elle pria fort la Mere
Prieure de luy permettre de reprendre ses penitences, si tost qu'elle fut

vn peu moins mal, qui fut vers le
mois de Iuillet de la mesme annee:
mais elle ne luy voulut pas accorder: elle obeyt, & demeura en repos. Cette ame faisoit de grands
progrés en ces temps là , & estoit
manifeste que Dieu se hastoit de
l'auancer pour la tirer à luy : & continuoit tousiours toutes les voyes
de souffrances dont i'ay parlé cy
deuant, & les accroissoit quelquesfois peu à peu : & quelquesfois tout
en vn coup, en sorte qu'il venoit
Plenitude de tra-uaux. fondre sur elle vne si grande puissance & plenitude de trauaux, qu'il
luy sembloit que iusques alors il ne
s'estoit encores rien passé : & com-
parant les choses passees aux presentes, celles qui estoient passees luy
sembloient comme rien. Dans ces
Diuersitez d'assistan-ces. grandes extremitez, elle receuoit
quasi tousiours beaucoup d'ayde de

plusieurs Saincts de ceux que nous
auons dit, & encores de sainct Hie-
rotee, dont elle auoit souuent la *Aydes de S. Hiero-tee.*
presence, s'estant apparu à elle plu-
sieurs fois, Dieu luy ayant donné ce
Sainct pour la conduire, & assister
en certaines sortes de trauaux, & autres choses qui se sont passees en sa
vie, qui a esté toute conduite de
Dieu, & des Saincts, qu'il luy auoit
donnez pour la rendre dans la perfection qu'il demandoit d'elle: chacun desquels auoit charge de la
conduire dans les effects particu-
liers de la grace qu'il mettoit en elle, selon les diuersitez & necessitez
qu'elle auoit de leur assistance là
dessus. En cecy l'on peut voir l'eminence en laquelle Dieu esleuoit &
attiroit cette ame, luy ayant retiré la
puissance de se conduire, selon le
cours ordinaire, qui est par soy mes-

me , & par les autres ; non qu'elle
n'euſt conduite de ceux à qui elle
découuroit les ſecrets de ſon ame,
mais l'on n'y faiſoit rien que ſuiure
ce que Dieu y mettoit. Elle n'ap-
prouuoit iamais rien de ce qui ſe
paſſoit en elle , que premierement
elle n'en euſt parlé, & qu'on ne
l'euſt approuué : & quand il luy venoit quelque penſee de faire quelque choſe, ou bien que Dieu luy
monſtroit quelque choſe, ſelon ce
qui ſe paſſoit en elle, elle diſoit, Si
l'obeiſſance approuue que ie croye
ou reçoiue cette penſee, ie le feray,
mais en attendant, ie la laiſſe entre
les mains de Dieu, & me donne
pour ce qu'il veut que ie face , &
pour adherer à ce qu'il demande de
moy : & ainſi cette ame demeuroit
dans vn grand dénuëment de toutes choſes. Elle dit dans vn papier

que l'on a trouué escrit de sa main:
Ie sens que toutes les puissances de
mon ame sont hors de leurs operations, & sont occupees, sans que ie
cognoisse cette operation; & cela
me priue de tout desir & memoire
d'aucune chose: mais il me semble
que par dessus toutes ces impuis-
sances, ie comprends vne grande
chose, & encores de ce que ie comprends, il en demeure bien peu,
pour ce que l'operation s'augmentant, ce qui s'opere en moy se faict
sans moy, & sans que ie le voye, ny
que i'en aye cognoissance, de moy
ie ne puis penser, ny dire comme ie
suis: Ie ne puis voir aucune chose, ie
me trouue sans desir, ny du Ciel,
ny de la Terre, tellement que ie ne
puis operer aucune chose, & quelquesfois ie me trouue parlant de
quelque chose, qu'en l'interieur i'en

suis bien esloignee. Il ne faut pas obmettre icy, qu'vn iour allant à vne Procession, comme c'est la coustume de nos Monasteres d'en faire quelquesfois, nostre bien heureuse sœur Marie de l'Incarnation luy apparut, & nostre bonne sœur luy faisant place, elles marcherent coste à coste quelque temps durant la Procession, & en estant reuenuë, elle dit à la Mere Prieure fort simplement, I'ay veu nostre bien heureuse sœur à la Procession, Ie luy ay fait place, & ne s'en esmouuoit pas dauantage que cela, comme fort coustumiere d'auoir la veuë des Saincts. Nostre Mere saincte Therese luy apparut aussi vn iour, lors qu'elle la prioit instamment pour la santé de Monsieur le Doyen de Nantes, qui estoit lors en extremité de maladie, comme hors d'es-

La bienheureuse sœur Marie de l'Incarnation luy apparoist, & luy faict compagnie à la Procession.

perance de santé, ainsi que l'on le
disoit, & que l'on rapportoit de
son mal, l'asseurant en cette appari-
tion, qu'il ne mourroit pas, & cela
par diuerses fois sur le mesme mal;
car elle estoit si charitable que quãd
elle prioit pour quelques seruiteurs
de Dieu, & pour quelques personnes vtiles à son Eglise, elle le faisoit
auec tant de perseuerance, qu'elle
estoit incessamment deuant sa diuine Majesté, l'inuoquant & luy
demandant ce qu'elle desiroit obtenir, & continuoit iour & nuict
iusques à ce que les choses fussent
terminees: elle le dist à la Mere
Prieure lors, & l'asseura qu'il ne
mourroit point, & luy rapporta ce
qui s'estoit passé en cette assistance,
qu'elle receut de nostre saincte Me-
re:laquelle luy a fait plusieurs autres
faueurs,que nous ne mettons point

icy. Mais pour continuer le difcours de ſa maladie, ie diray que ce
peu de meilleure ſanté ne luy dura
que iuſques à l'Automne, qu'elle
recommença à ſe trouuer bien plus
mal, & ſentoit des douleurs extremes en tout ſon corps, principalement en ſes iambes, qu'elle ne pouuoit quaſi plus remuer, & ainſi elle
eſtoit contrainte d'eſtre ſouuent
ſur ſon liǎ, ou aſſiſe, & n'auoit pour
lors que ſon pauure liǎ de paille
comme les autres qui ſont en ſanté.
Elle auoit vne alteration extreme,
& luy ſembloit qu'elle bruſloit toute, & neantmoins en cét eſtat elle ſe
mortifioit fort ſouuent de boire, &
ſe regloit à vne certaine meſure
qu'elle ne vouloit paſſer, ne voulãt
pas donner à ſon corps ce qu'il luy
demandoit. Il luy ſuruint vn nou-
uel accident à la fin du mois de No-

uembre, qui l'arresta du tout au lict,
& elle pensoit neantmoins tousiours se leuer à trois ou quatre iours
de là, comme elle auoit accoustumé
de faire : car quand elle auoit esté
trois ou quatre iours au lict, & qu'elle sentoit vn peu de force, elle se leuoit incontinent, dont le Medecin
estoit tout estonné, & ne sçauoit ce
que c'estoit que tous ces effects si
differés : tellement que quãd la Mere Prieure luy demãdoit son aduis,
il disoit, Si c'estoit vn autre, ie dirois
cecy ou cela, mais d'elle ie ne sçais
que dire : ce n'est pas qu'elle ne fust
vrayement malade, mais il y auoit
quelque chose qui la consommoit,
& qui en quelque temps la forti-
fioit, que l'on n'entendoit pas. Dõc
apres cet accident il luy prit vne fie-
ure continuë, en laquelle elle auoit
de grandes douleurs par tout son

corps, ce qui ne se pouuoit faire autrement, veu son excessiue mai-
greur. Elle estoit aussi excessiuemét
dégoustee, en telle sorte qu'elle ap-
prehendoit à prendre quelque chose, comme vn tres-grand tourment,
& ayant auallé quelque nourriture,
elle sentoit des douleurs extremes
dans le corps : & sur ce subiect, elle
eut recours à saincte Catherine de
Gennes, dont elle auoit vne image
dans son lict, de qui elle receut assistance. Depuis elle demandoit tousiours la benediction à saincte Catherine de Gennes, lors qu'elle vouloit prendre quelque chose, soit
qu'elle y eust difficulté ou non. Cette bóne saincte l'ayda beaucoup, &
en la vie & en la mort, l'ayant grandement assistee dans les voyes interieures où Dieu la mettoit, principalement en vn desir qu'elle auoit

de

de se perdre toute pour Dieu, sur lequel desir nous auons trouué ces
paroles escrites de sa main, Ie desire
honorer ces paroles de IESVS-
CHRIST, Qui veut sauuer son
ame la perdra; & qui perdra son ame
pour moy la sauuera: Ie veux donc
perdre ainsi mon ame, ma veuë, &
ma lumiere pour la sauuer, m'abandonnant à ses voyes, & à ses sainctes volontez. Nous rapporterons
aussi icy vn papier qu'elle a escrit
elle mesme au iour de la feste de
saincte Croix, qui est le quatorzies-
me Septembre, par où l'on verra
quelque chose de la deuotió qu'elle
y auoit: elle dit ainsi; O croix saincte
& aymable, ô croix interieure, &
grandemét desirable, ô grand Dieu
qui cherchez des ames pour leur faire part, & leur donner vn si grand
bien: mais, ô mon Dieu, ie croy

H

qu'elles font bien rares, & qu'il y en
a peu qui l'exaltent vrayement :
mais ô mon Dieu, n'en trouuons
nous point quelques vnes : ô bien-
heureufe Catherine de Gennes que
vous l'auez bié fceu exalter. O grand
Dieu qui difpofez les ames, qui
voulez qu'elle vous correfpondent,
ô mon Dieu, n'auez vous point
trouué cette bien heureufe ame,
comme vous defiriez : ouy mon
Dieu, mais qu'auez vous voulu faire, l'ayant ainfi trouuee difpofee,
finon la laiffer toute cette iournee,
c'eft à dire toute fa vie en vn fainct
tourment, que vous fon amour luy
donniez : ô fidelité grande de cette
fainéte ame, ô mon Dieu, il femble
que vous ayez voulu que ce fuft cette fainéte ame qui exaltaft voftre
croix interieure, pour la faire mere
& protectrice des ames que vous a-

uez choifies pour ce bië. Ainfi mon
Dieu, la iournee f'eftär paffee en cette forte, vous l'auez retiree à vous, ô
mon Dieu donnez nous part en
voftre amour s'il vous plaift. Elle
veit vn iour comme cette faincte
eftoit confommee par amour , &
luy fut monftré qu'elle le feroit ainfi. Or pour reuenir à fa maladie, où
elle enduroit beaucoup, noftre Seigneur luy monftra quelque chofe
de fa fin, & qu'elle ne feroit plus en
la terre que languir : il ne luy monftra pas neantmoins le temps de fa
mort, ny autre chofe que cela : Elle
enuoya querir la Mere Prieure pour
fçauoir fi elle croiroit cette penfee,
comme elle faifoit pour l'ordinaire
en tout ce qui luy arriuoit, & puis
elle faifoit tout ce qu'on luy difoit,
fans iamais y auoir aucune côtradi-
ction, n'eftant nullement attachee

Luy fut monftré qu'elle feroit côfommee par amour, comme fainête Catherine de Gennes.

à ces choses là : La Mere Prieure luy
dit que cette pensee estoit conforme à la raison, & à l'estat où elle
estoit, du corps & de l'esprit, &
qu'elle la deuoit receuoir. Elle demeura quelque temps en cette sorte, qui fut iusques à huict ou dix
iours auant Noel, qu'elle empira
fort, & il la fallut saigner trois ou
quatre fois coup sur coup. En ce
temps elle disoit quelquesfois en
son petit parler innocent, Ie ne sçay
ce que c'est, mais il me semble que ie
ne voy que des morts tout à l'en-
tour de moy, & elle rioit en le disant : l'on n'a peu sçauoir d'où luy
venoit cette pensee. Elle disoit aussi,
Ie voy vne plenitude de Dieu en
toutes choses, iusques à vn petit
fourmy, qui fait que mon ame est
portee à rendre vn honneur à Dieu
en tout lieu, & en toute chose. En ce

temps elle communia à l'infirmerie auec tres-grande deuotion, & apres la saincte Communion, elle dit plusieurs fois, ô quelle misericorde, ô quelle misericorde, Dieu, nous venir chercher iusques dans nostre pauure lict. Elle ne pensoit neantmoins pas mourir, ayant esté tant de fois griefuement malade, dont elle estoit eschappee, ce qui faisoit qu'elle ne s'y osoit attendre, le desirant neantmoins tousiours beaucoup. Les saignees la soulagerét vn peu iusques au troisiesme Ianuier mil six cés vingt-trois, qu'il luy prit comme vn assoupissement, dans lequel l'ō croyoit qu'elle deust mourir, & on luy donna l'extreme onction sans qu'elle le sentist : elle fut tréte heures en cette sorte, tousiours le cierge benist allumé, attendant l'heure qu'elle deust expirer ; mais

Dieu ne l'auoit encores ordonné: elle reuint, & la premiere parole qu'elle dit, fut le sainct Nom de I E S V S: l'on luy fit receuoir le sainct Viatique, croyant qu'elle n'en deust pas reuenir, mais cette tres-saincte viande luy redóna la vie, au lieu de l'emmener par la mort: elle ne se souuenoit point de ce qui s'estoit passé en ces trente heures, en sorte qu'elle ne se croyoit pas si mal. La Mere Prieure voyát cela, luy dit qu'elle croyoit qu'elle estoit proche de ce qu'elle auoit tant desiré, qui estoit d'aller voir Dieu: elle la regarda d'vn œil fort doux, & luy dit, hé, ie n'ay encores rien faict pour le seruice de Dieu, & pria la Mere Prieure de luy permettre de faire des penitences, & de porter vne ceinture de crin sur sa chair, & autres choses, ce qu'elle luy refusa. En ce temps là nostre Sei-

Reçoit d'vn œil fort doux la nouuelle de sa mort.

gneur luy monstra que les trauaux passez, & les peines presentes luy seroient reputees à martyre dans le Ciel, & luy fut monstré qu'elle se deuoit preparer à la mort : alors cette ame s'esleuant à Dieu, demandoit quasi incessamment que sa grace fust consommee en elle, & auoit grande deuotion à ces paroles du Fils de Dieu, *Consummatum est*, entendant plusieurs choses sous ces sainctes paroles : cela dura quelque temps, & son esprit s'occupant ainsi en ces sainctes esleuations, nostre Seigneur luy renuoya les effects dōt nous auons parlé, lesquels furent si violens, qu'elle croyoit en deuoir mourir, & en cét estat elle tomba en vn second assoupissement. Le iour qu'elle y entra on luy porta vn tableau d'vn Sauueur lié à la colomne, que Madame la Marquise de

H iiij

Magneley auoit donné en ce Monastere, lequel luy donna vne tres-grande force, & esleua son esprit pour vnir ses trauaux à ceux que nostre Seigneur a portez pour nos ames: elle entra donc apres en cét assoupissement, pendant lequel elle se réueilloit quelquesfois, comme par des douleurs violentes, & faisoit de grands cris; & fut ainsi plus de vingt heures sans parler: puis elle reuint à elle, & estoit en vn estat, & en vn visage si doux, qu'elle paroissoit vn petit Ange. Elle me dit plusieurs fois en sa maladie, Ie voy les Vierges qui m'appellent: elle disoit ainsi, Ie voy les petites Vierges, & luy est arriué mesme lors qu'elle se leuoit encore vn peu, & qu'elle estoit auec les autres Religieuses, qu'elle tiroit la Mere Prieure, & luy disoit, Ie voy à pre-

Elle voit les petites Viergesqui l'appellent.

sent les petites Vierges, elles me de-
mandent pour aller auec elles. Ie
n'oublieray aussi à dire qu'vne fois
elle dist à la Mere Prieure, L'on a
chanté tátost icy vne musique fort
melodieuse, mais ie m'en suis diuer-
tie, & ne l'ay pas voulu escouter:
nous ne sçauons pourquoy elle ne
la voulut escouter, & l'on croit que
c'est qu'elle eut quelque lumiere,
qu'elle n'estoit pas de Dieu, ny par
son ordonnance. En ces temps dóc
où son esprit s'esleuoit à Dieu, &
consommoit peu à peu son corps
& sa vie, elle continuoit de rendre à
Dieu l'hommage en sa mort qu'elle auoit rendu en sa vie, se sacrifiant
en la croix, & dans les trauaux qui
luy auoient esté ordonnez de sa diuine prouidence, & de son amour
tres-sainct & tres-grand. L'esprit
malin monstroit des rages de la

saincteté de cette ame tres-grande
& tres-extraordinaire, elle l'entendoit faisant des cris espouuenta-
bles,& la menaçant mesme de l'e-
stouffer auec son oreiller, & fut
contrainte d'enuoyer querir la Mere Prieure, & la prier de se tenir
quelque temps aupres d'elle, pour
l'assister en cette peine,&la pria que
quand son ame se separeroit de son
corps, qu'elle fust à son cheuet, &
luy tinst la main dessous la teste, sás
luy dire à quelle intention, ce qui
fut executé ainsi qu'elle l'auoit desiré : aussi elle promit à la Mere
Prieure de l'assister fort speciale-
mét. Le temps donc approchant de
sa fin, sainct Isidore nouuellement
canonizé luy apparut,& luy monstra que la volonté de Dieu estoit
qu'elle abandonnast son corps, &
qu'elle se separast de la terre, & de

Le malin esprit la menace de l'estouffer.

Elle enuoye querir la M. P. & la prie de tenir la main sous sa teste, quand son ame se separera de son corps.

Sainct Isidore luy apparoit.

tout ce qui est icy bas, qui la cõsola
fort, parce qu'elle auoit tousiours,
comme ie croy auoir dit, vn grand
desir de mourir. Ces pésées que i'ay
dit, que ses trauaux passez, & ses peines presentes luy seroient comptez
de Dieu, & recompensez comme
martyre, luy furent alors nouuellement imprimées & elle communia
le Ieudy dix septiesme de Feurier au
chœur où on l'auoit portée, comme l'on auoit fait à la Chandeleur,
quinze iours auparauant. Elle se
confessa la veille, & le matin encores, & se tint à genoux deuant &
apres la saincte Communió. On la
rapporta à l'Infirmerie, où elle parla
beaucoup de Dieu tout le iour à
des Religieuses, qui la visitoient selon la coustume, & la chariré de cét
Ordre à consoler les malades. La
nuict suiuante, elle eut vn vomisse-

ment, apres lequel elle deuint peu à peu comme affoupie, le corps eſtát ſi foible, ſi conſommé, & ſi vſé, qu'il n'auoit plus aucune vigueur: & lors que le Medecin la vit, il dit que cette bonne ame eſtoit à ſa fin, & que tout eſtoit conſommé en elle: Il ne laiſſa neantmoins de la faire ſaigner, ce qui ne luy ſeruit de rié. Elle *Elle perd* perdit la parole, & l'vſage des ſens, *la parole.* n'ayant point parlé depuis la minuit du Vendredy: bien qu'elle regardoit quelquesfois les ECCLESIASTIques qui l'aſſiſtoient, & qui eſtoient aupres d'elle; mais l'on n'a peu iuger *Elle dece-* ſi elle les entédoit. Et ainſi elle paſſa *de le 19.de* à IESVS-CHRIST le 19. iour de *Feurier.* Feurier à deux heures du matin, qui eſtoit vn Dimanche, l'an mil ſix cens vingt-trois, au Monaſtere de la Mere de Dieu, dans la ville de Paris : Le lendemain matin ſon corps

fut expoſé à la Grille, en la maniere accouſtumee, & ſon ſeruice fut ſolemnellement faict par le
Reuerend Pere de Berule, noſtre
Pere Superieur & Viſiteur, où ſe
trouuerent pluſieurs perſonnes de
qualité, & autres, qui en receurent
grande deuotion. Apres midy ſon
ſainct corps fut porté dans vn car-
roſſe, au Monaſtere de l'Incarnation du fauxbourg ſainct Iacques,
aſſiſté de quatre Eccleſiaſtiques,
& de Madame la Marquiſe de
Magnelay, qui ne ceſſoit de dire par
les chemins, Le monde ne ſçair pas
le threſor que nous portons. Elle
auoit grande raiſon de le dire ; car
leſdits Eccleſiaſtiques rapportent,
qu'encores qu'il y euſt quarante
heures qu'elle eſtoit expiree, ſon
corps n'auoit aucune mauuaiſe
odeur ; contre ce qui eſt ordinaire ;

au contraire quelque personne en
ayant approché, lors qu'il estoit en
l'Eglise, attendant que la porte du
Monastere fust ouuerte, fut dire
à la Mere Prieure que cette Religieuse sentoit fort bon. Apres les
ceremonies ordinaires, ausquelles il y eut pareillement grand con-
cours de peuple, elle fut inhumee
par Monsieur du Val, aussi nostre
Reuerend Pere Superieur, dans le
Cloistre du Monastere. Celuy des
Ecclesiastiques qui posa le corps
dans la terre, rapporte qu'il le
sentit si leger, qu'il luy sembloit
ne peser pas encores autant que
ses habits. A present plusieurs
bonnes Religieuses vont sur sa
fosse pour auoir son secours, &
intercession en leurs besoins & necessitez. Il y eut des Religieuses, lesquelles quelques heures apres sa

mort eurent des tesmoignages de sa gloire ; & cela se reïtera plusieurs fois : & à quelques vnes elle fit entendre qu'elle auoit vn grand pouuoir d'ayder aux ames, & dit ces mesmes termes, que ses miracles seroient interieurs. Elles voyoient *Tesmoigna-ges de sa gloire.* particulieremét qu'elle auoit receu grace de Dieu pour assister les ames *Ses miracles seront interieurs.* tentees, & qu'elle iouyssoit d'vne tres-grande gloire pour les trauaux qu'elle auoit portez en cette vie. Ie diray cecy en passant, que les Religieuses éstant assemblees, en parlant d'elle, & de choses qui se pouuoient dire deuant toutes, elles se trouuerent qu'elles auoiét esté tou- *Toutes ses sœurs conformes en pensees.* tes conformes dans les pésees qu'elles auoient d'elle, où pour le moins toutes les pensees auoient rapport : les vnes dirent que pendant qu'on disoit la Messe haute, qu'on chante le iour du decés ces paroles leurs vinrent, qu'elles voyoient conuenir à cette ame: *Bonum certamen certaui, cursum consummaui.* Vne autre, *Iam hiems transijt*, & ainsi de chose qui tesmoignoient vne ame sortie du combat de IESVS-CHRIST, & qui a emporté vne saincte & grande victoire. Il y a vne vertueuse Dame qui rend aussi le tesmoignage du bien qu'elle en a receu, ainsi qu'il s'ensuit. Nous auons mis icy ses mesmes paroles qu'elle a elle mesme escrites : Mardy dernier deux iours apres la mort de sœur Catherine de IESVS, apres la saincte Communion, comme ie priois la saincte Vierge qu'elle rendist grace à son cher Fils pour moy, & qu'elle suppleast à tous mes manquemens, tout en vn instant il me sembla que sœur Catherine de IESVS me fut presentee,

presentee, comme celle qui deuoit
suppléer pour moy en tous mes def-
fauts: comme ie la veis, & que ie fus
presente auec elle, car ie ne l'ay pas
veuë en nulle forme de corps, ny en
quelque maniere qu'on sçauroit
dire; mais il me semble que ie la
voyois en Dieu : ie veux dire qu'il
me semble que mon esprit estoit
auec son esprit en Dieu, nous estiõs
toutes deux ensemble : comme cela
fut ainsi, ie commençay à la prier,
si c'estoit la volonté de Dieu que ie
la priasse, qu'il luy pleust auoir souuenance de moy deuant Dieu, &
luy representay les necessitez, lesquelles elle auoit tousiours cognuës
en ce monde en moy, & que ie ne
sçauois plus à qui recourir. Il me
sembla qu'il me fut donné vne as-
seurance, que iamais elle ne m'a-
bandonneroit, & que ce qu'el-

le auoit commencé en ce mon-
de, elle le parferoit, qu'elle me feroit plus affiftante que iamais, &
qu'elle en auoit meilleur moyen,
comme ayant plus de cognoiffance & de puiffance, & que ce qu'elle
m'auoit feruy en ce monde pour
mon inftruction & confolation,
qu'elle le feroit encore; en fin qu'elle ne me laifferoit iamais iufques à
la mort, où elle me fera affiftante
pour conduire mon ame deuant
Dieu. Voila comme la chofe s'eft
paffee, ce me femble: ie demeuray
auec grande ioye & confolation:
l'auois defir de dire cela à mon
Confeffeur, & comme i'eftois en
cette penfee, il me vint vn doute,
fi ie ferois bien de le dire ou non,
auffi toft il me fut mis en l'efprit,
que ie me fouuinffe de ce qu'elle
m'auoit toufiours dit, que ie diffe

les choses tout simplement, comme ie les pensois, & qu'on me sçauroit bien dire quand ie ferois faute. Depuis cette heure là, elle m'est demeuree fort presente, & me semble que fort souuent ie la trouue en moy, & que tant s'en faut qu'elle soit esloignee de moy par sa mort, qu'elle s'est beaucoup approchee. Il me semble que ie suis beaucoup plus auec elle, que ie n'estois durant sa vie. Il y eut aussi vne Religieuse, *Elle assiste* laquelle estant en quelque penible *vne Reli-* & fascheuse tentation, & fort pres- *gieuse.* see d'icelle, mesmes en quelque doute d'y auoir donné consentement, cette bien-heureuse ame luy apparut interieurement, & luy dit ces paroles auec vne façon maiesta- tiue & puissante : Non ma sœur, vous n'y auez pas consenty, & quand vous l'auriez faict, Dieu

m'a donné pouuoir de vous en tirer : & luy reïtera encore les mefmes chofes qu'elle auoit defia dites
à d'autres, affauoir, qu'elle auoit
receu grace de Dieu pour affifter &
diriger les ames, & particulieremét
celles qui font tentees & efprouuees
de fa diuine Majefté, dans les voyes
de la tribulation.

Tefmoigna-
ge du Re-
uerend
Euefque
de Bellay.

Nous adioufterons à ces tefmoi-
gnages, celuy de Monfieur l'Euefque de Bellay, lequel prefchant en
noftre Eglife à la ceremonie d'vn
voile, trois ou quatre iours apres le
decés de cette bonne fœur, fut
pouffé de dire dans la Chaire de
verité, fans qu'il y euft efté induit,
que cette ame eftoit affeurément
bien heureufe, faincte, & grande
en Paradis. Plaife à Dieu nous rendre dignes d'imiter les vertus d'v-
ne fi faincte Religieufe, mefmes fa

patience, amour & fidelité , en toutes les dispositions interieures & exterieures de Dieu sur elle , & la tres-
pure & tres-simple innocence qui a
esté si eminente en elle.

F I N.

AVANT-PROPOS.

L y a quelques bonnes ames lesquelles ayant pris goust à ce petit discours : & à lire les trauaux, & les vertus de cette bonne ame, ont desiré que l'on y adioutast ce que l'on pourroit recouurir d'elle. C'est pourquoy ayant cherché parmy ceux qui ont eu communication auec elle, nous auons encore recueilly quelques petits escrits que nous insererons icy. Et comme ce petit liure de la vie de cette bonne sœur, contient particulierement les forts combats qu'elle à porté pour Iesus-Christ, & les pratiques qu'elle rendoit en cét estat à sa diui-

I iiij

ne Majesté. Nous auons continué
cette mesme matiere, mettant icy des paroles que nous auons trouuees escrites de
sa main fort soigneusement : car elles
estoient reïterées trois ou quatre fois en
lieux differents, & quelques vnes, elle
les portoit sur elle afin de s'en mieux souuenir. Il y a aussi quelques lettres escrites à personnes pieuses & de vertu, dans
lesquelles on trouuera diuerses pratiques
pour les subjects dont elle traittoit, &
sur tout pour les ames lesquelles Jesus-
Christ appelle à imiter cette ame, ou plustost luy mesme au chemin de la Croix
& des peines, ce qui est chose tres-com-
mune en ce monde, puis que comme il est
escrit, & la regle de cét Ordre le rapporte, la vie de l'homme sur la terre n'est que
tentation.

ELLE DICT DONC
ainsi en l'vn de ces papiers trouuez
depuis peu.

NOvs sommes filles de la Vierge, il faut que nous soyons toutes à Iesus-Christ, & à la Vierge, toutes à Iesus-Christ, & à Iesus-Christ souffrant. Toutes à la Vierge, & à la Vierge souffrante, à Iesus-Christ en Croix, & à la Vierge au pied de la Ctoix, car cest là vn effect de sa maternité, & puissance sur les hommes, lors que Iesus-Christ dit à la Vierge, Femme voila ton Fils, & à sainct Iean voila ta Mere.

Sept pratiques tres-vtiles & necessai-
res pour les ames trauaillées de
peines & tentations.

1. IL faut que nous agreyons toutes les volontez & ordonnances de Dieu, quelques dures & penibles qu'elles nous semblent, & cela en hommage à sa grandeur & dignité. Ie m'y soubmets donc toute, & me rends par volonté aussi assujettie & captiue du vouloir diuin pour les effects ordōnez de luy sur moy, que le sentiment de la peine qui me trauaille me tient captiue par force & par souffrance, afin que par ceste soubmission ie sois preseruee dans la captiuité qui me trauerse.

2. Plus ie me sens pressee des choses que ie porte & chargee de pei-

nes, plus ie dois estre humiliee deuant Dieu, abbaissee & dependante
de luy, & dois estre tellement en cét
abbaissement & dependance, que
i'y sois beaucoup plus que dedans
ma peine & pressement auquel par
volonté ie ne me dois iamais rendre pour grand qu'il soit, mais à ceste soubmission à Dieu & à l'obeïssance. S'il vous plaist ô Iesus, que
nous soyons dependantes de vous
en nostre interieur, & que ie ne sui-
ue aucun iugement mien en ce qui
le concerne, que ie sois adherente à
vous, mon Dieu, en vos voyes cachees & penibles sur nous : separez-
moy ô Iesus, selon vostre pouuoir,
de l'esprit malin, de ses desseins &
efforts sur nous, & vous opposez à
luy en nous aydant, s'il vous plaist.
3.	A la simple veuë d'ordonnan-
ce de Dieu, l'ame la doit embrasser,

il ordonne quelquefois choses faci-
les & tendantes à luy, d'autre-fois
difficiles & tres-penibles , & qui
semblent destourner de luy:mais la
souueraineté de Dieu qui ordonne, doit tellement occuper l'ame,
qu'elle ne voye ny ne sente non
plus le facile que le difficile , ny le
difficile que le facile , la veuë de la
souueraineté infinie qui ordonne
deuroit mettre l'ame en vn aneantissement infiny, il se faut donc tenir à Dieu ordonnant, & non pas à
la chose ordonnee sans consideration n'y discernement sur icelle, ac-
ceptant ce qu'il nous enuoye, non
bassement & auec infinité de diffi-
cultez, d'excuses & recherches propres de soy-mesme , mais haute-
ment & parfaitement, & auec vne
parfaicte soubmissiõ & resignation
à sa saincte volonté. Ie me donne de

tout mõ cœur toute à luy pour cela.

4.   Le sentiment qui nous arriue que nous sentons quelquefois, & qui semble estre volonté d'offencer Dieu, n'est pas tousiours nostre, mais de l'esprit malin qui nous trauaille, nous faisant sentir & porter ce qui est sien, nous nous en deuons grandement humilier, non par croyance que ce soit chose nostre, mais parce que cela est en nous, & y sommes conjoinctes par sentimét. Et vn des conseils de Dieu nous reduisant en cét auilissement, est de tirer la gloire de nous dás les effects du diable mesme, lesquels nous deuons porter dans vne humiliation aussi profonde & esgale, à celle en laquelle l'estat de peché reduit le diable, mais en autre maniere, il est luy humilié par force, & nous, soyons-le volontairement : il l'est

par iustice, & nous le deuons estre
par grace. Ie m'vnis d'esprit à l'ame
du fils de Dieu, humiliee en l'acce-
ptation de l'estat & des voyes d'humiliation & de souffrance qu'il a
pleu au Pere Eternel ordonner sur
luy en son enfance & en sa Croix.
Ie m'abaisse deuant l'ame de Iesus
humiliee, & luy demande force &
puissance, separant mon ame des
desseins & efforts qui me trauer-
sent, ie consens de supporter en patience & humilité ce triomphe ap-
parent de l'esprit malin en moy, &
entre encore en vn abbaissement
plus grand deuant Iesus enfant, que
ce triomphe ne me paroist grãd : &
ie prens force en la force & puissance cachee & incogneuë de l'ame
saincte de Iesus sur moy.

5.   L'ordonnance de Dieu sur l'a-
me, c'est ce qui garde l'ame par des-

sus tous moyens humains, c'est
pourquoy il se faut tenir à cette ordonnance plus qu'aux moyens &
aydes visibles & sensibles, & souffrir que Dieu nous en priue quand
il luy plaira, car il peut operer en
nostre ame sans moyens, ce qu'il y
opere par iceux, mais parce que
nous ne le voyons ny ne le sentons
pas nous ne le croyons pas. Ie m'a-
bandonne donc à la toute puissance diuine, & à la souueraineté de son
estre sur tout ce que ie suis, pour
porter priuation de tout ce qui luy
plaira, & adore la subsistence indici-
ble de l'ame saincte de Iesus-Christ
en la diuinité dans la dereliction de
la Croix & dans l'agonie du Iardin
des Oliues, vous suppliát ô Iesus en
cesvostres saincts mysteres d'estre la
vie, la force & la conduitte de mon
ame dans cette extremité où ie suis.

6. Vne des intentions que i'auray en la saincte Communion, sera afin que nostre Seigneur Iesus-Christ par sa presence & par sa puissance opere en moy parfaictemét, ce que ie ne puis faire qu'imparfaictemét, & qu'il face entierement ce que ie ne puis faire du tout, & ainsi quelque indisposition que ie ressente, ie ne m'esloigneray point de la Communion aux iours ordonnez de l'obeïssance, ie ne dois point apprehender Dieu, d'vne apprehension qui me soit empeschement à toute l'adherence que ie luy dois, & qu'il demande de moy, mais ie veux bien & me soubsmets à porter la peine & le tourment de l'apprehension par hommage aux trauaux de Iesus-Christ.

7. Dans le sentiment de separation, & rejettement de Dieu que l'ame

me peut porter, nous deuons adorer l'vnité du Pere, du Fils, & du
sainct Esprit, & la volonté saincte
que Iesus-Christ a de nous vnir à
luy & par luy à cette tres-saincte
Trinité, & nous faire hônorer le delaissement que luy mesme a porté
sur la Croix lequel ie reuere & adore, me soumettant de porter celuy
qu'il luy plaist ordonner sur moy
par amour & relation à ce sien estat
sainct & souffrant, & quant ie ressentiray affoiblissement, ie dois demander force à l'amour du cœur de
Iesus, & m'y retirer toute : adorant
cét amour souuerain de Iesus, & me
soumettant toute par amour, à ses
ordonnances indifferemment, &
sans discernement m'en recognois-
sât fort indigne. I'ay recours à l'Ar-
change S. Gabriel, par ce que c'est
luy qui a conforté l'ame du fils de

K.

Dieu dans son agonie, & adore l'humilité du fils de Dieu voulant estre conforté par cét Ange, & le supplie par cette humilité & agonie de conforter mon ame.

Sur la parabolle du Pere de famille.

LE Pere de famille renuerse toute la maison pour trouuer la dragme, & Dieu renuerse l'interieur de sa creature pour trouuer son ame qui est enueloppee & perduë en elle mesme & en ces operations.

Acte sur quelque disposition interieure.

I'Accepte cè desnuëment que ie voy par aneantissement de moy mesme, & par hommage à l'aneantissement du fils de Dieu, & desire

qu'il y ait en moy plus d'aneantissement que de desnuëment en cette
captiuité & nudité où ie suis, si ie
voyois ce qui se passe en moy ie serois diuisee & il ne le faut pas, mais
toute occupee en souffrance & en
amour, & ne veux auoir autre pouuoir ny capacité que pour aymer &
souffrir.

Ceste bonne ame comme tres-
fidelle & recognoissante vers son
Dieu, auoit faict vn petit memoire
des jours ausquels elle auoit receu
grace particuliere de luy, & de ce
qu'elle deuoit faire pour luy pour
(comme nous croyons) luy rendre
grace des vnes, & obseruer plus soigneusement les autres. Celuy des
graces receuës est escrit dés qu'elle
estoit au Conuent de l'Incarnation,
& est tel.

Les iours ausquels cette bonne ame a
receu grace particuliere de Dieu.

LE Ieudy Sainct 19. d'Auril
1612. i'ay receu vne grace de
noſtre Seigneur.

Le dernier iour de May 1612. iour
de l'Aſcenſion, i'ay receu vne grace
par saincte Magdelaine.

Le 17. Iuillet 1612. iour de S. Ale-
xis, i'ay receu vne grace & aſſiſtance
particuliere de ce Sainct.

Le 22. Iuillet 1612. iour de saincte
Magdelaine à ſept heures du matin
apres la saincte communion, i'ay receu quelques graces particulieres de
ceſte saincte.

Le 4. d'Octobre 1612. iour de S.
Hierothee, i'ay receu vne grace particuliere par ce sainct.

Le meſme iour auſſi feſte de no-

stre saincte Mere, i'en receu vne
par elle.

Le iour saincte Tecle 23. Septembre 1612. i'ay receu vne grace par cette saincte.

Le iour de Noel 1612. i'ay receu
de nostre Seigneur Iesus-Christ &
de la tres-saincte Vierge vne grace
tres-particuliere.

Le iour saincte Agnes 21. Ianuier
1613. i'ay receu vne grace par cette
saincte.

Le 4. Auril 1613. iour du Ieudy
Sainct, i'ay receu vne grace de nostre Seigneur.

Le 5. du mesme mois & an, iour
du Vendredy Sainct, i'ay receu vne
autre grace de nostre Seigneur.

Le sainct iour de Pasques 7. Auril
1613. i'ay receu vne grace de nostre
Seigneur, & de saincte Magdelaine.

Le iour de saincte Catherine de

Sienne 29. Auril 1613. i'ay receu particuliere assistance de cette saincte.

Le Dimanche de l'Octaue du
sainct Sacrement 9. Iuin 1613. apres
la saincte communion , i'ay receu
quelque grace particuliere de Dieu.

Le iour de l'Octaue du S. Sacrement 13. Iuin 1613. i'ay receu encore
vne grace particuliere de Dieu.

Le Vendredy ensuiuant 14. du
mesme mois, i'en receu vne autre.

Le 23. Iuin 1613. i'ay receu vne grace de nostre Seigneur, par saincte
Magdelaine & S. Iean Baptiste.

I'ay receu trois ou quatre fois des
graces tres-particulieres de la tres-
saincte Vierge , dont il ne me souuient des iours.

Le 21. Iuillet 1613. i'ay receu vne
tres-grande grace de saincte Magdelaine.

Le 22. du mesme mois & an, iour

de saincte Magdelaine, i'ay receu
aussi vne tres-grande grace de cette
saincte.

Nous n'auons encore sceu trouuer celuy qu'elle a peu faire au Cō-
uent de la Mere de Dieu, où elle en
a aussi beaucoup receu, comme il se
peut voir au discours de sa vie. Pour
les pratiques dont elle auoit faict
memoire, nous ne sçauons de quant
elles sont escrites, & nous semblent
d'vtilité, c'est pourquoy nous les ra-
portons icy.

PRATIQVES INTE-
rieures.

Article premier.

IE desire honorer toûs les iours
quelque vertu en nostre Seigneur Iesus-Christ, luy desdiant &

K iiij

offrant tout ce que ie feray, & ainſi
luy rendray hommage.

Article ſecond.

IE me donneray tous les iours au
Pere Eternel, en l'vnion de la donation qu'il nous a faite de ſon fils,
& à Ieſus-Chriſt en l'vnion & actiós
de graces de la donation double
qu'il a faict de luy-meſme au Pere
Eternel & aux pecheurs de la terre,
dont i'en ſuis l'vne : Ie me deſdieray
tous les iours à l'enfance de Ieſus-
Chriſt, à ſa pureté, & innocence, &
prieray la ſaincte Vierge qu'elle
m'aſſiſte, me prenne en ſa prote-
ction & me donne à ſon fils.

Article troiſieſme.

IE donneray mes penſees à l'enfant Ieſus, & au lieu ie luy de-

manderay les siennes, & adoreray
sa sagesse & toutes les perfections
diuines cachees en ceste saincte enfance.

Article quatriesme.

IE me dois separer de moy-mesme, tant en ce qui me regarde,
qu'en ce qui est des autres, & de
tout ce qui n'est point Dieu, ie me
dois surmonter, mortifiant mes
mauuaises habitudes & inclina-
tions, par la mort de moy-mesme
sur mes sens, desirs & volontez,
ie dois estre en vn grand aneantissement de moy, & là regarder Dieu
non comme ie veux, mais comme
il luy plaira.

Sur l'enfance de nostre Seigneur Jesus-Christ.

O Quel aneantissement au fils de Dieu en son enfance, de vouloir estre appellé enfant, non seulemét estre appellé enfant, mais estre dans le ventre de la Vierge sans veuë, ny ouyë, bref comme vn autre enfant : ô quel aneantissement, la puissance se faire impuissance, bref Dieu se faire enfant.

Actes interieurs.

O Iesus soyez la mort, soyez la vie de mon ame, ô Iesus viuez en mon ame, & qu'elle soit entee en vous afin que ie tire ma vie de vous, comme vous tirez vie ô Iesus de la Diuinité, que ie sois toute aneantie deuant vous, afin que ie n'opere que par vous.

O Iesus oftez moy la puiffance d'operer par moy, & operez vous en moy s'il vous plaift.

O Vierge faincte que ie fois gardee de vous, & comme vous auez gardé le petit Iesus, gardez mõ ame pour luy.

Que ie fois toute aneantie, que ie n'aye eftre ny fubfiftance que par vous & en vous, ô Iesus, foyez le principe de mon ame, defliez moy des liens qui me retardent d'eftre à vous, & oftez tout ce qui a rapport & correfpondance à moy-mefme, & eft de ma nature.

Que ie n'aye application qu'à vous, ô Iesus tournez moy vers voꝰ, afin que ie reçoiue toutes vos operations comme vous voudrez, & que ie ne m'en puiffe deftourner.

Appliquez moy toute à vous & à voſtre ſaincte Mere en l'vnion de l'applicatió que vous auez euë vers elle, & elle vers vous, & de celle de ſaincte Magdelaine vers vous & voſtre ſaincte Mere.

Oſtez moy la puiſſance mõ Dieu que i'ay de vous eſtre infidelle, ie vous en ſupplie tres-humblement, & vous en donne ma volonté.

Pratiques de perfection dans les ſenti-mens contraires.

Lors que nous-nous ſentõs en imperfection, il nous en faut ſeparer, & cette ſeparatió doit eſtre par volonté, nonobſtant l'imperfe-ction où l'on ſe voit portee, eſlçuát l'eſprit à Dieu pour la deſaduouër adherant à Ieſus-Chriſt & à la Vierge en la ſeparation puiſſante

& admirable qu'ils ont de tout ce
qui est separé de Dieu pour iamais.
Ceste separation se fait du mal dans
le mal mesme, ainsi que Dieu est in-
finiement separé du malin esprit,
dans le malin esprit mesme.

Nous-nous deuons humilier de
porter ceste infirmité & inclination
au mal, & estre assubjettie à ceste
misere. Ie m'abaisse donc tres-pro-
fondement deuant l'abaissement
ineffable de vostre enfance, ô Iesus,
en la veuë de mon propre neant, car
ie n'ay que cela de propre, & en la
veuë de l'inclination comme essen-
tielle, qui fait tendre & pencher
mon estre du costé du neant, & de
ce qui est pis que le neant. Ie vous
demande, ô petit Iesus, que vous
ostiez & aneantissiez en mon estre
ceste inclinatiõ propre, & que vous
substituyez en nous vne inclinatiõ

tres-puissante & sur-essentielle vers vous, qui deuez estre le centre & le fonds de nostre estre, & la vie de nostre vie.

Sur la charité vers le prochain.

I'Auray soing pour me rendre plus charitable vers le prochain, de me souuenir que toutes les ames sont tres-particulierement aymez de celle de Iesus-Christ : & en ceste consideration ie les aymeray & seruiray toutes, & tout autant que ie pourray, pour rendre hommage à cet amour de Iesus-Christ vers elles : & parce que i'ay si particulierement desdié ma vie à l'honneur de Iesus-Christ, pour honnorer tous les momens de la sienne, i'auray grand soing de pratiquer toutes les vertus en toutes les occasions qui

s'en presenteront : & pour obtenir
la grace, i'esleueray souuent mon
esprit à luy, pour luy demander :
quand i'auray quelque indispositiõ
interieure, ie l'offriray à Dieu pour
honnorer son contraire en Iesus-
Christ : & quand i'aurai quelque incommodité exterieure, i'auray soin
d'honnorer en luy l'endroit de son
corps sainct & precieux, où ie res-
sentirai douleur, ou incommodité.

Sur quelques dispositions interieures.

Lors que l'ame a fait vn parfaict abandon & perte d'elle-
mesme, & de tout ce qu'elle est, à
Dieu, elle ne se doit plus tourner
vers elle-mesme, mais doit demeurer tousiours, quoi qu'il arriue, perduë & aneantie en Dieu, au regard
de lui-mesme, de l'esprit malin, &
d'elle-mesme.

Quand ie ressentiray quelques peines prouenantes de l'amour, ie l'embrasserai, croyant que c'est bien peu de chose, en comparaison de ce que cet amour merite que ie souffre pour lui, & de ce qui se peut souffrir pour luy.

Sur saincte Magdelaine.

O Amour infini de mon Dieu, qui départez vos sainctes & diuines graces à qui il vous plaist, comme nous voyons en la beniste Magdelaine pecheresse, que vous choisistes entre tant d'ames iustes qui estoient lors sur la terre, & mesme sa sœur Marthe, & son frere le Lazare, pour la faire estre vostre aimée & vostre aimante, nonobstant l'estat miserable où elle estoit plongée : ô qui ne s'estonnera des iuge-
mens

ments de ce grand Dieu, & de son
amour vers nos ames, qui ne des-
daigne chose si vile que nous sommes, ie vous rends graces, ô mon Seigneur, de l'eminence de l'amour
dont il a vous a pleu remplir cette
grande saincte.

Ces paroles de l'Escriture saincte estoiēt
aussi escrites de sa main.

1. TV es terrible, & qui est-ce
qui durera deuant toy en
ton courroux.

2. Tu as faict ouyr du Ciel ton iugement, la terre a tremblé & c'est
tenuë coy.

3. Et comme vne beste deuát toy,
toutesfois i'ay tousiours esté auec
toy.

4. Et tu as soustenu ma main dex-
tre, tu m'as conduit par ta volonté,

& apres m'as receu en gloire & honneur.

5. Qui chercheray-ie au Ciel sinon
toy, que desireray-ie en terre fors
que toy.

6. Ma chair & mon cœur estoient
deffaillis, mais Dieu est la force de
mon cœur & mon heritage eternellement.

Coppie de quelques lettres de feuë no-
stre bonne Sœur Catherine de Iesus
à quelques personnes pieuses.

IE supplie nostre Seigneur que
son amour soit la vie, la force &
la conduite de vostre ame pour iamais.

Nous auós receu celle que vous
auez pris la peine de nous escrire, &
ne vous auons pas oubliee encore
que ie ne vous aye escrit plustost :

l'vnion qu'il a pleu à noftre Seigneur faire de nos ames en luy, ne
fe defaict pas fi facilement que vous
craignez, au contraire, elle s'accroift
en nous vers vous, ie le fupplie d'en
produire tous les effects pour lef-
quels il l'opere, & me refiouïs de
voftre doux repos en voftre folitu-
de, puis que le bon Iefus le veut ainfi, pour vous difpofer à vne plus
forte bataille, pour luy rendre là les
effects & l'vfage de la grace prefen-
te : ie vous prie donc d'auoir courage en la force de Iefus-Chrift qui eft
en vous, le temps eft court, au regard de la recompéfe eternelle, que
vous deuez auoir, & au regard de
Dieu mefme qui le merite bien,
Nous vous defirons dedans l'ame
faincte & fouffrante de Iefus, pour
là honorer ces fouffrances par les
voftres en toutes les manieres qu'il

L ij

veut & qu'il sçait, & que nous ne
sommes pas dignes de cognoistre &
de sçauoir, vous sçauez en ce qui
vous touche, comme ie depends de
Dieu, lequel n'a pas permis que ie
vous aye peu escrire sur vostre pre-
cedente lettre, & seulement nous a
fait voir ce que ie deuois faire pour
vous deuant luy, ce que nous conti-
nuons encore, & serions bien-ayse
s'il plaisoit à nostre Seigneur pour
vostre côsolation, de vous pouuoir
mander quelque chose de ce qu'il
nous faict voir pour vous, ce sera
quand il luy plaira, cependant ie le
supplie d'estre auec vous pour iamais.

Lettre deuxiesme.

IE supplie l'amour que Iesus-
Christ porte à vostre ame au

sainct Sacrement, de la sanctifier
pour iamais, Nous auons commencé auiourd'huy de nous leuer, aller
à la Messe & communier graces à
Dieu, à quoy vous auez eu vne bonne part : si nous l'eussions peu faire
plustost, ce nous eust esté consolation, à cause du besoin où estoit
vostre ame. I'ay receu la vostre &
recognu par icelle la disposition, &
resignation que nostre Seigneur
vous donne, en tout ce qu'il permet & ordonne en vous : ie l'en louë
de tout mon cœur, & de ce qu'il luy
a pleu vous fortifier, & diminuer
vostre peine, ie le supplie vous continuër son assistance, comme i'espere qu'il fera, augmentant l'effect de
sa grace selon les besoings où il
vous mettra, & que plus vos peines
croistront, plus sa grace vous fortifiera : ayez donc s'il vous plaist cou-

L iij

rage dans les mesmes descourage-
mens & foiblesses qui sont en vous,
adherant & vous abandonnát toute à Iesus-Christ, car il est là en tout
ce que vous portez, & c'est luy qui
vous soustient encore que vous ne
le voyez ny ne le sentiez pas, nous
en sçauons par sa grace de bonnes
nouuelles que ie ne vous escrits pas,
parce qu'il ne le veut pas. Entrez par
abandon de vostre ame à Iesus-
Christ, en la voye incogneuë qui
vous est presentee, & vous souue-
nez s'il vous plaist, que c'est la garde & la lumiere qui vous doit preseruer, & nõ la vostre, & que si vous
vouliez cheminer en la veuë de vostre ame & non ainsi à l'aueugle
pour l'amour de luy, vous seriez en
vn plus grand peril, car vous seriez
dauantage entre vos mains, & il
vaut mieux estre entre les mains de

Dieu, que non pas dans les noſtres:
rememorez & honnorez ces paroles de noſtre Seigneur Ieſus-Chriſt,
qui veut ſauuer ſon ame la perdra, &
qui perdra ſon ame pour l'amour de moy
la ſauuera : perdez donc ainſi voſtre
ame, voſtre veuë & voſtre lumiere
pour vous abandonner à luy, & à
ces voyes incogneuës, & il vous ſauuera. Ie le ſupplie vous en faire la
grace, & vous remercie tres-humblement de la charité qu'il vous a
pleu de nous faire, nous deſirerions
bien (ſi ce ne vous eſt incommodité) auoir le bien de vous voir, apres
que ces Aduents ſeront paſſez, &
de cela ie vous en ſupplie pour l'a-
mour du bon Ieſus.

Lettre troiſieſme.

IE ſupplie noſtre Seigneur que le
pouuoir de ſa tres-ſaincte en-

L iiij

fance soit pleinement & entieremẽt
appliqué sur voftre ame, pour vous
eftre puiſſance & conduite en l'eftat
où vous eftes. Ie n'oublieray pas de
prier pour le befoin que nous mandez, ſur lequel ie vous prie prendre
force en l'amour que Dieu vous
porte, lequel eſt plus grand que
vous ne pouuez penſer, & ce qui
vous arriue ne viẽt point des hommes, mais de luy, qui vous donnera
de temps en temps quelque choſe à
porter par ce meſme amour, ie vous
prie de vous perdre en iceluy, car
c'eſt ce qu'il demande de vous, ne
vous laſſez point de porter quoy
que ce ſoit, quelque penible qu'il
puiſſe eſtre, puis que c'eſt cét amour
(ie dis amour particulier de noſtre
Seigneur vers voſtre ame) qui le
permet vous arriuer. Que voſtre
applicatiõ ſoit dõc vers cet amour,

& en tirez voftre vie, felon toutes les
obligations que vous y auez, & que
Dieu le veut de vous: receuez ce qui
eft prefent de la part de Dieu, &
qu'il vous fuffife que c'eft de luy
pour vous y foumettre, quoy qu'il
foit penible & fafcheux, luy mefme
vous gardera dedans tout ce que
vous pourriez craindre : abandon-
nez vous toute à luy pour receuoir
ce qu'il luy plaira, fçachant qu'il
vous eft donné par fon amour,
auquel vous auez obligation particuliere. Entrez profondement dãs
les voyes de Dieu fur vous, & priez
faincte Magdelaine, à ce qu'elle daigne y eftablir voftre ame: ie me dõ-
ne toute à Dieu pour vous, & pour
faire tout ce qu'il luy plaira que ie
faffe pour vous feruir en voftre befoin.

Lettre quatriesme.

IE supplie l'esprit sainct & sanctifiant remplir toute vostre ame de luy, & que luy mesme y soit maintenant viuant & operant & non plus vous. I'entends plusieurs choses que le bon Iesus imprime en mon esprit, par le peu que ie vous dis, pour lesquelles choses ie vous supplie vous dõner à Dieu, & auoir bon courage pour porter tant ce qui est present, que ce qũi pourra arriuer, sans vous estonner, ny estre en peine de ce que ce pourra estre, car Dieu est auec vous & vous fortifiera. Presẽtez vous s'il vous plaist à luy, attendant l'effect de ces sainctes volontez, ordonnees de luy sur voˢ par misericorde, & amour vers vostre ame. Appliquez vous à luy

& ie le supplie de s'vnir & appliquer
luy mesme à vostre ame par sa grace, l'attirant à adorer, aymer & apporter ces siens effects, commen-
çant en elle icy bas, les operations
qu'il accomplira & consommera
au Ciel pour iamais. Nous-nous
sommes souuenuës de vous en cette grande feste, ie croy qu'aussi aurez vous faict de nous. Ie supplie
nostre Seigneur de confirmer vostre ame en ses conseils; & la saincte
Vierge, vostre Ange Gardien, &
tous vos saincts deuots de vous assister selon vostre besoin.

Lettre cinquiesme.

IE supplie l'amour de l'enfant Iesus sanctifier vostre ame pour
iamais. Nous auons faict ce que
vous nous mandez deuant nostre

Seigneur & ſa ſaincte Mere, & voudrois eſtre digne de vous y pouuoir
rendre quelque ſeruice, ils nous en
donnent beaucoup de deſirs, mais
ie ſuis trop pauure & miſerable
pour eſtre ouyo d'eux, ie vous ſupplie de les prier qu'ils me faſſent miſericorde, & me pardonnent mes
pechez, vous nous obligeriez beaucoup, s'il vous plaiſoit nous faire la
charité, de nous donner vne Meſſe
à voſtre commodité, de l'enfance
de Ieſus. Chriſt, qui eſt au temps de
la Natiuité, auec memoire de la
Vierge, de ſainct Gabriel, & de ſaincte Magdelaine. Ie vous prie de
nous excuſer ſi i'vſe ſi librement de
voſtre charité, l'offre qu'il vous a
pleu nous en faire, m'en donne la
hardieſſe. Ie me trouue toute inter-
dicte & auec crainte, lors que ie
vous parle, ie ne ſçay ſi vous ne vous

en estes point apperceu, cela m'e-
strange & me retient, ie vous donne ma volonté pour la donner à
Dieu pour tout ce qu'il veut de
moy, ie vous supplie luy demander,
qu'il me mette en l'estat où il veut
que ie sois pour le seruir, demeurât
incognuë aux hommes, pour rendre hommage à la vie & souffrances
incogneuës de Iesus-Christ, ie ne
suis rien deuât Dieu, qui vous puisse
seruir, qui ne soit tout a faict vostre
en luy.

Lettre sixiesme.

L'Amour que Iesus Christ porte à vostre ame soit vostre force pour iamais. Celle qu'il vous a
pleu nous escrire nous a grandemét
consolee, pour la liberté que par
icelle, il vous plaist tesmoigner

auoir vers nous, que ie vous supplie
continuër, & croire que ce faisant
vous nous obligerez deuant Dieu.
Pour les craintes que vous auez de
vous laisser aller au mal, ie vous prie
ny entrer point, il est vray que vous
vous y laisseriez aller, si Dieu vous
laissoit faire & vous abandonnoit à
vostre propre conduite, mais il en a
autrement ordonné, & disposé de
vous par sa bonté & misericorde, &
par l'amour qu'il porte à vostre
ame, que ie vous supplie de recognoistre & vous en souuenir. Il
suffit que Iesus-Christ ayme vostre
ame, qu'il en a soin & la gardera par
sa grace, luy donnant tousiours les
graces necessaires pour vous fortifier, selon les besoings ou il luy
plaira que vous soyez, ie ne vous en
dis rien en particulier, mais ie vous
prie d'esperer en luy, dans les plus

grands efforts de peine que vous
porterez, car ce sera lors que vostre
fidelité sera cognuë,& que vous luy
rendrez l'honneur & l'hommage
qu'il merite & demande de vous, es-
perant (contre toutes apparences
d'esperer) en celuy qui est par dessus
tout estre, & dont la puissance est
incomprehésible : tout cecy se doit
faire par volonté & non par trauail
que vous recherchiez en vostre
propre force, les armes que vous deuez auoir, sont regards vers Iesus-
Christ , marchant sans crainte en
l'esperance qu'il ne vous laissera
point, ie vous supplie ne point oublier la confience qu'il veut que
vous luy ayez, prenez force en son
amour, adorez-le en cét amour, re-
uenez a luy & vous rendez toute à
luy, en ce mesme amour, & luy offrez l'estat present & souffrant de

voſtre ame, croyant tout ce que ie
vous ay dict eſtre de la part du bon
Ieſus, & ne vous en enquerant pas
dauantage, demádez auec vne profonde humilité la grace d'eſtre ce
que Dieu veut que vous ſoyez.
Nous eſperons eſtre à la retraitte
vers la feſte de ſaincte Magdelaine,
ie vous ſupplie auoir memoire de
nous deuant Dieu durant ce ſainct
temps, auquel vous pouuez croire
que vous ne ſerez pas oublié de noſtre coſté, & que vous y aurez bonne part s'il plaiſt à Dieu.

Lettre ſeptieſme.

IEſus-Chriſt ſoit à iamais la plenitude de voſtre ame. Celle-cy
ſera pour vous remercier de nouueau de toutes les charitez que vous
nous faictes, ce que ie ne ſçaurois

tant

tant faire, que ie voy y estre obligee, ce qui me faict supplier nostre
Seigneur de suppléer à mon défaut,
& nous rendre dignes de vous pouuoir seruir deuant luy, ce que ie feray le plus soigneusement qu'il me
sera possible si ie le puis cognoistre,
la volonté ne nous manque point
pour cela graces à Dieu. Ie vous diray pour vostre consolation & la
nostre, que nous auons receu assistance particuliere des prieres qui
ont esté faictes pour nous, ie vous
supplie de prier Dieu que ie luy en
rende l'effect & la fidelité qu'il demande de moy, qui ne me semble
pas estre petite : vous m'estes plus
presente que ie ne vous sçaurois dire, vostre bien me touche autant
que le nostre propre : nostre Seigneur faict beaucoup de choses en
vous que ie ne vous dis pas, & que ie

M

luy recommande auec soing, à ce
que vous luy soyez fidele, ie dis que
vous ne voyez pas, parce qu'il sçait
bien mettre en vous, sans vous, ce
qu'il y veut mettre, tout ce que
nous sommes de nous mesme n'e-
stant qu'empeschement à luy, par
la source du mal qui est en nous, sa
bonté vous preserue de tout danger prenant tout le soing de vous &
de vostre conduite, & ne demandant qu'vne dōnation de vostre volonté, pour consentir à tout ce qu'il
veut estre & faire en vous : ie vous
supplie recognoistre toutes ces graces, & prie Dieu de receuoir le consentement que vous luy donnez, &
qu'auec vous, bié que tres indigne,
ie luy presente. Si ie pouuois faire
dauantage, que ce que nous faisons
pour vous, de tout mon cœur ie le
ferois, desirant grandemét qu'il n'y

ait rien qui puisse estre capable de
vous destourner de Dieu: demeurez ferme dans son amour sans que
la veuë de vos fautes vous en diuer-
tisse. Ce que ie demande pour vous
sur ce subject, est que vous portiez
la veuë de l'imperfection auec separation d'icelle, & que ce soit par reuerence à Iesus-Christ, qui a voulu
porter le peché pour nostre amour.
Il sçait bien les pensees qu'il nous
donne sur cela pour vous, mais c'est
à luy à en produire les effects en vostre ame.

Lettre huictiesme.

IE supplie la Trinité saincte be-
nir nos ames de ses benedictions
eternelles. Ie n'ay pas oublié de
vous offrir auiourd'huy à elle, me
souuenant de la grace particuliere

que vous en auez receuë : celle-cy
est pour vous supplier au nom de
nostre Seigneur, de renouueler toutes les volontez que vous luy auez
donnees, sur tout ce que de sa part il
vous a esté dit, tant par ceux que
sçauez que de nous bien, que tres-
indigne, ce que ie ne vous dis pas
sans subject particulier, desirât que
vous vous vnissiez par cela à nostre
Seigneur Iesus-Christ, se soumettant aux volontez du pere Eternel,
& de la tres-saincte Vierge : & vous
rendiez à luy pour estre tout ce qui
veut que vous soyez : s'il vous plaist
vous souuenir de ce que nous vous
dismes la derniere fois que nous a-
uons eu le bien de vous voir, que si
vous estiez content de Dieu, il l'e-
stoit aussi de vous, ie le vous dis encore maintenât en la mesme disposition, il m'a faict voir encore au-

iourd'huy quelque chose de cela
pour vous, qui nous a grandement
consolee, croyez que vous ne deuez
pas peu estimer la maniere de conduite, qu'il tient sur vostre ame, que
ie le supplie de paracheuer & accomplir par misericorde selon ses
sainctes volontez, & vous rendre
digne de toutes les graces, que par
son amour il presente & veut mettre en vostre ame. I'ay veu par la
vostre l'exercice que vous auez porté, c'est vn effect du pouuoir que
Dieu a donné à l'esprit malin par
son amour sur vous, à ce que vous
ne fussiez frustré du bien qu'il y a
à endurer pour luy, la veuë de ce
bien vous est maintenant cachee,
mais vous la verrez vn iour, & be-
nirez tous les moments ausquels
vous aurez esté souffrant pour Iesus-Christ, lequel est en vous plus

que iamais, & y estoit durant les efforts de peine que vous auez porté, encore qu'il ne vous le sembla
pas: prenez courage & force en son
amour, & ne craignez point de retourner à luy, & faire à l'accoustu-
mee comme si rien n'estoit, le bon
Iesus a desia oublié, tout ce en quoy
vous pourriez craindre auoir man-
qué, & ie m'offre à luy pour en porter la penitence pour vous : ie vous
supplie de prier pour nous auec
soing, parce que nous en auons besoin particulier, & nous recom-
mádez aussi s'il vous plaist aux prieres de ceux que nostre Seigneur
vous inspirera.

Lettre neufiesme.

L A Croix de Iesus-Christ soit
exaltee de vous selon toutes

ses volontez. I'ay eu beaucoup de
consolation de vostre lettre, & loüe
le bon Dieu de ce qu'il vous a faict
entendre quelque chose de ses sainctes volontez, par celle que nous
vous auôs escrite; ou luy par nous:
car vous sçauez que quand ce que
nous faisons à quelque effect, c'est
luy qui l'opere, & non moy, qui y
ay toutes sortes d'incapacité, c'est
pourquoy i'en parle côme de chose
sienne, & en laquelle ie n'ay nulle
part; ie le remercie encore de l'ayde
que nous mandez en auoir receu,
car vostre bien & consolation est
tousiours certainement le mien,
puis que vostre ame m'est aussi chere que la mienne, ce qui me faict
auoir vn soing tres-grand deuant le
bon Dieu de vous; la veuë dôt vous
nous parlastes la derniere fois que
nous auons eu le bien de vous voir,

nous a esté du depuis plusieurs fois
presente en la maniere que vous
nous dictes l'auoir veuë, & ay res-
senty obligation de vous aduertir
de la suiure, & vous en souuenir,
comme vous estant dõnee de Dieu
pour cela, car c'est là où tend ce me
semble tout que nostre Reuerente
Mere & Nous vous auons dict iusques icy. Marchez donc dans ceste
pauureté & nudité par volonté, &
en la maniere qu'il plaist à Dieu
vous faire cognoistre, car c'est celle
qui met vrayement l'ame dans la
voye saincte où Dieu vous appelle,
& en laquelle ie le supplie de tout
mon cœur vous faire entrer pleinement, puissamment, & fidellement;
ie vous supplie luy faire la mesme
requeste pour nous s'il vous plaist:
ie vous remercie tres-humblement
de la charité & du soing qu'il vous

plaist auoir de mon frere, nous ne
meritons pas si grand bien de vous,
estant ce que ie suis, ie supplie nostre Seigneur d'en estre vostre re-
compence : nous auons sceu que
vous estes malade, vos maux nous
touchent bien fort, mais il se faut
soufmettre à Dieu qui l'ordonne
ainsi, ie le prie qu'il vous tienne en
sa saincte garde.

Lettre dixiesme.

IE supplie l'ame saincte de Iesus-
Christ d'estre pour iamais la vie
de la vostre. Nous auons eu deuotion de nous recommander à vos
sainctes prieres, parce qu'en tel iour
que celuy-cy du glorieux S. Augu-
stin, nous auons faict profession, &
sommes sacrifiees à Dieu, duquel sa-
crifice i'ay faict vn tres-mauuais

vsage, comme Dieu mesme sçait: ie vous supplie de m'offrir à sa douce misericorde, à ce que ses sainctes volontez soient deformais accomplies en nous. Ie vous suis tant obligee, que ie ne sçay comme le recognoistre, sinon m'appliquant à Dieu pour vous, i'y ay eu auiourd'huy disposition & facilité, nostre Seigneur nous ayant donné desir de luy donner vostre volonté, à ce qu'elle fust perduë en luy, & c'est passé plusieurs choses sur cela, que ie ne puis exprimer, & dont ie le supplie vous donner intelligence telle qu'il veut que vous l'ayez, & en la maniere qu'il luy plaira: ie vous supplie de vous y vnir, luy donnant vostre volonté pour porter l'accomplissement des siénes, & recognoissant la Diuine bonté qui se donne à vous pour vous sanctifier. Ne soyez

en peine pour ces endormissemens
que vous auez, cela n'est rien ie m'en
ressens aussi quelque fois, & lors ie
tasche à m'esleuer doucemét à Dieu
par volonté (si ie ne puis autremét)
pour luy offrir ceste infirmité, ou
me donner à luy, à ce que luy mesme m'establisse & me mette comme il voudra, taschant en cét estat
de me supporter en la maniere que
ie puis. I'ay eu consolation de sçauoir la maniere auec laquelle vous
vous estes comportee sur les pensees que nous mandez, ie n'ay rien à
vous en dire, sinon que ie rends graces à Dieu de celle qu'il vous a faict,
de luy auoir esté fidelle, cela ne nous
touche pas peu de voir vostre ame
profiter. Pour nostre santé dont
vous desirez auoir des nouuelles, ie
traine tousiours, & suis bien im-
mortifiee à porter nos petites infir-

mitez corporelles, ie vous supplie
de m'assister de vos sainctes prieres,
à ce que ie porte le tout à la gloire
du bon Dieu, & selon ses sainctes
volontez.

Lettre onziesme.

IESVS-CHRIST soit la vie de vostre ame pour iamais, ce mot est
pour satisfaire à vostre desir de sçauoir ce qu'il a pleu à Dieu nous dô-
ner sur vostre subject : ce matin a-
pres la saincte Communion i'ay eu
quelque veuë que vostre ame se
doit perdre toute dans l'amour pur
de Iesus-Christ & que par ordonnance particuliere d'iceluy, il vous
est pour maintenant caché & inco-
gnu, & que vous deuez porter ceste
priuatiô de la part de Iesus-Christ,
& vous lier à cét amour, par aban-

don & aneantissement de tout vous
mesme vers luy, sans vouloir auoir
d'autre cognoissance que celle qu'il
vous donne, & veut que vous ayez:
ie ne vous puis escrire beaucoup de
choses que i'aurois à vous dire sur
ce subject, & que i'ay euës ce matin
pour vous, nostre Seigneur ne veut
pas que ie vous en die dauantage:
demeurez s'il vous plaist contente,
car vous en auez subject, & i'en ressens contentement pour vous, il
faut prendre toutes choses auec cō-
formité au vouloir de Dieu. Pour
ce que vous nous mandez de la
mort, n'entrez point en ces pensees,
& n'en cherchez point d'autre as-
seurance que celle que vous en auez
maintenant, & cela en la maniere
que Dieu le faict en vostre esprit, il
suffit que vous sçachiez que Dieu
ayme vostre ame en maniere parti-

culiere, ce que ie voy de Dieu sur
vous en cela me console grandement, & me faict esperer qu'à l'heure de la mort, vous aurez vne grande assistance & tres-particuliere de
luy: ie vous supplie luy demander la
mesme grace pour nous, & qu'il daigne nous receuoir à misericorde
pour l'eternité.

Lettre douziesme.

IE supplie nostre Seigneur vous
fortifier & cõsoler dans les maux
& dans les peines que vous suppor-
tez. Nous auons receu à ce matin la
lettre qu'il vous a pleu nous escrire,
laquelle nous a grandement tou-
chee, par l'angoisse dans laquelle il
nous a semblé que vous estiez, il me
semble que la faute que vous craignez n'est pas faute qu'entant que

vous la rendez telle, & pense selon
Dieu que vous luy manquez, car il
demande beaucoup plus d'amour
& de confiance de vostre ame, que
vous ne luy en monstrez auoir. Ie
vous supplie donc de n'auoir aucun
soing de vous, laissez-le luy tout,
c'est ce qu'il vous demande, ayez
seulement soing de luy, & il l'aura
de vous, perdez vostre ame dans
Dieu, & luy offrez vostre volonté
pour cela, & pour tout ce qu'il voudra, & que luy seul cognoist : ie recognois la prouidéce de Dieu tres-
grande sur vous, en ce qu'il vous
cache toutes choses vous faisant
marcher à l'aueugle, & ne laissant
rien en vostre pouuoir, que la volonté de vous perdre en luy. O
heureuse perte, qui faict ainsi trouuer nos ames en Dieu : que vous deuez reuerer cette Diuine prouiden-

ce, acceptât cette obscurité, & por-
tant auec humilité & patience la
nudité intime, & l'estat penible où
vous estes reduit ; pour ce que vous
nous auez mandé, d'auoir soing de
demander à Dieu que vostre intention soit droicte, côtinuez s'il vous
plaist en ce desir & luy en deman-
dez l'effect, & n'en soyez point en
peine, Dieu peut vous le donner
sans que vous le voyez en vne maniere qui luy sera plus agreable que
celle que vous desirez, laissez vous
tout à luy en cela comme au reste,
& il vous benira.

Lettre treiziesme.

LE petit & grand Iesus vous
donne toute la part en luy
qu'il veut que vous y ayez. Nous
auons receu vostre lettre laquelle

nous

nous a faict voir que nous auons
beaucoup de raport enfemble, touchant nos difpofitions interieures:
mais auec cette difference, que ie
n'ay pas mefme tefmoignage de
moy, d'y bien faire, que ie l'ay de
vous par la mifericorde de Dieu : ie
fuis toufiours bien infidele à Dieu,
& manque beaucoup de correfpõ-
dre à fes graces : & cela ie le dis auec
verité, & par le reffentiment interieur que i'en ay. Ie vous fupplie de
prier beaucoup pour moy, ie ne
vous oublie pas auffi, n'y ne vous
oublieray iamais : ie louë Dieu des
graces qu'il vous faict, qui ne font
pas petites, ie croy qu'il a permis
que vous nous ayez mãdé vos pen-
fees pour noftre confolation, ie les
trouue tres-vtiles & neceffaires, &
vous en remercie de tout mõ cœur.
Nous auons prié pour ce que nous

N

auez mandé touchant cette personne, & me semble que le bon Iesus à
tres agreable, le soing que vous a-
uez de vous adresser à luy en toutes
choses, comme vous auez faict en
cette occasion, sur laquelle il me
semble que vous deuez regarder
Dieu, & suiure sa conduite, vous y
appliquant s'il vous donne quelque
chose pour cela, sinon vous en dé-
faire le mieux que vous pourrez,
sans interesser la charité, taschant
de luy donner personne qui puisse
auoir le soing & charité qu'il faut
pour vn tel subject, c'est ce que ie
vous en puis dire pour le present, ie
prie Dieu vous donner grace & lumiere selon vostre besoin.

Lettre quatorZiesme.

L'Amour de Iesus-Christ soit
vostre force & vostre espe-

rance pour iamais. Ie le loüe de la
continuation qu'il vous donne,
dans les dispositions & pensees que
par sa grace il vous a donnees, &
dont nous auons autresfois parlé
ensemble, encore qu'elles ne soient
pas en mesme maniere, celles cy ne
laissent d'estre à hónorer, & dignes
d'estre receuës de nous comme ve-
nantes de Dieu, ce que ie crois que
vous sçauez bien recognoistre. O
combien deuons nous estimer tous
les estats où ce grand Dieu permet
que nous soyons, & combien deuons nous, nous en estimer indi-
gnes : ie le supplie vous faire entrer
dans tous les desseins qu'il a sur vostre ame, & en particulier en son a-
mour, & en ses voyes souffrantes,
& cela en toutes les manieres qui
luy plaira, & qu'il sera le plus hóno-
ré en vous, ie sçay que vous auez le

N ij

mesme desir, pourueu qu'il vous
garde, & vous donne force selon le
besoin, ce qui ne vous sera iamais
desnié. Il faut que nostre fidelité
soit esprouuee de ce grand Dieu, dedans les choses qui nous sont plus
contraires & penibles, parce que celuy qui nous esprouue merite chose grande, & nous ne sommes, &
tout ce qui est en nous, & que nous
pouuons faire rien que petitesse: receuons donc les choses plus grandes qui nous sont donnees par a-
mour de ce mesme amour, auec
plus grande ioye, d'autant que cela
nous approche plus de nostre bon
Dieu, & nous purifie & dispose,
pour entrer dans l'estat où il veut
que nous soyons: d'autant plus que
la peine & la souffrance croist, d'autant plus aussi sa grace croist, & nostre ame se va fortifiant en icelle.

Ce que ie luy demande pour vous
est la fidelité continuelle, ie vous
prie de le faire aussi pour nous s'il
vous plaist. Nous auons receu consolation de la deuotion que vous
auez euë à nostre sainte Mere Therese, ie la prie de vous proteger.

Lettre quinziesme.

L'Amour que Iesus-Christ porte à vostre ame soit la force &
conduite d'icelle. Nous vous remer-
cions tres-humblement de la nouuelle charité qu'il vous a pleu nous
faire, ie suis bien marrie de ne l'a-
uoir peu faire plustost, mais la quantité d'ouuriers qu'il y a ceans (tout y
estant renuersé) faict que ie ne sçay
où ie suis, ny comme ie voy, ce n'est
pas la faute des maçons, mais la
miéne pour ne sçauoir tirer le pro-

fit que ie deurois dans les occasions,
ie vous supplie de prier pour nostre
amandement. I'ay demandé à nostre Reuerente Mere quant vous
nous pourriez parler, elle nous a
dict que ce seroit quant le parloir
seroit faict, parce qu'il n'y a encore
icy aucun lieu où l'on puisse parler
au dehors, cependant ie vous prie
n'estre point en peine pour ce que
nous mandez de la nature, ce sont
effects que vous ne pouuez empescher, & ausquels ie ne croy pas qu'il
y ait telle faute que vous pensez,
Dieu les permet pour vous tenir
humiliee en sa presence, n'en faictes
donc s'il vous plaist aucun autre v-
sage, & vous estimez bien-heureuse
de ce que nostre Seigneur vous faict
porter ses liurees comme ame qu'il
ayme & cherit, s'il n'y trouuoit disposition en vous, ses visites ne se-

roient pas si frequentes , ny les occasions d'endurer si liberalement
donnees , ie le supplie vous donner
force pour porter toutes ses volontez en cela & toutes autres choses:
ayez bõ courage i'espere qu'il vous
assistera, ie m'imagine que vo° estes
en la Croix , & toute souffrante , ie
vous en porte enuie, & vous supplie
nous y donner vn peu de place, à
ce que la Croix de Iesus-Christ soit
exaltee & empreinte en nous , afin
que l'ayant honnoree en la terre ,
nous soyons renduës dignes d'appartenir au crucifié dans le Ciel: que
c'est vn grand bien à l'ame qui ayme,que de pouuoir souffrir pour ce
qu'elle ayme , il me semble que la
souffrance est la nourriture de l'a-
mour de nostre Seigneur Iesus-
Christ en la terre, & ce qui tient l'a-
me plus puissamment liee vers luy,

N iiij

c'est pourquoy ie vous ayme &
porte enuie à vostre bon-heur, sçachant que côme vous aymez beaucoup aussi souffrez vous beaucoup,
dont ie rends graces à l'object de
vostre amour, & à la cause de vostre
douleur qui est Iesus-Christ crucifié, & pour moy il faut que ie vous
auoüe, que ie ne me puis supporter
en la terre, sinon lors que ie pense
que c'est pour endurer, vous pourrez dire qu'il est aysé de desirer d'endurer, lors que la veuë du bien de la
Croix est presente, mais que quand
on la porte on n'y voit rien moins
que cela, ce que ie crois bien : mais
comme le bien de la Croix ne con-
siste pas en ce que nous le voyons
ou le sentions, il ne laisse pas d'estre
lors qu'il nous est incogneu, & ie
puis dire auec verité que la grace de
la Croix est d'autant plus grande en

l'ame, que moins son excellence est
cogneuë & ressentie d'elle, de sorte que vous estes plus que moy, car
ie suis ame de desirs, & vous d'œuures & d'effects veritables, ausquels
ie prie Dieu nous donner part selon
sa saincte volonté.

Lettre seiziesme.

IE supplie nostre Seigneur de
vous estre à iamais toutes choses. Ie suis si captiue que ie ne sçaurois escrire vn mot, sinon pour
vous dire que ie vous ay desiré auiourd'huy icy, à cause de la facilité
que i'ay euë pour parler de Dieu, ce
qui m'arriue assez peu souuét, estant
d'ordinaire dans vne grande priuation & impuissance, ie ne sçay où ie
suis, ny ne le desire sçauoir si Dieu
ne le veut, pourueu que ie sois dans

ſes voyes & ſainctes ordonnances
il me ſuffit : ie vous ſupplie de le
prier beaucoup & le faire prier pour
moy , à ce qu'il m'en faſſe la grace,
& que ie luy ſois fidelle ſelon qu'il
demande de moy. Ie ne vous oublie pas & me ſouuient de vous bien
particulieremét dans tous les eſtats
où il plaiſt à Dieu que nous ſoyons,
& voudrois vous en pouuoir dire
quelque choſe , mais ie ne ſçaurois,
i'ay eſſayé aſſez ſouuent de vous eſcrire , ce qui nous a eſté impoſſi-
ble , ie vous ſupplie de receuoir ma
bonne volonté qui eſt touſiours
pour voſtre ſeruice, telle que ie vous
l'ay faict autrefois paroiſtre , ie prie
Dieu ſuppléer par ſa grace à ma
preſente impuiſſance.

Lettre dixseptiesme.

IE supplie nostre Seigneur que son amour s'augmente & establisse de plus en plus en vostre ame, pour la fortifier selon ses besoins presens. Ie vous supplie d'embrasser auec amour tout ce que Dieu par amour, & soin particulier de vostre ame vous enuoye, encore qu'il ne vous le monstre pas pour le present, & ce pour vn subject particulier qui sort encore de ce mesme amour, pour le plus grand bien de vostre ame, que vous verrez comme i'espere vn iour auec tres-grande consolation moyennant sa saincte grace; prenez doncques force & courage, la Croix est le thresor du bon Iesus, & il le communique à ceux qu'il ayme, & il vous faict

l'honneur de vous tenir de ce nombre vous y donât part: ie vous fupplie eſtimer cette grace, car elle en
eſt tres - digne , & qu'aucun ſubject ne ſoit capable devous deſtour-
ner de la volonté de ſouffrir : vous
ſçauez l'obligation que vous auez
d'eſtre à Dieu pour cela, & d'imiter
noſtre Seigneur Ieſus-Chriſt en ce
qu'il a eſté pour vous, ie croy que
de fois à autre vous le regardez en
ſa ſouffrance, luy offrant les voſtres,
& vous ſoumettant à les porter, &
luy demandant qu'il vous donne
force par les ſiennes toutes ſancti-
fiantes, vous en faiſant porter tous
les effects de grace pour leſquels celles que vous portez ſont ordonnees
ſur voſtre ame , ie ſupplie le meſme
Seigneur d'augmenter & renouuel-
ler en vous tous les effects & diſpoſitions precedentes enuers luy , &

son amour, vous desliurant des subjects qui vous sont presentez pour
sortir de l'estat où il vous veut, &
auquel ie vous desire pleinement,
puissamment, & fidellement, selon les intentions qu'il sçait que
nous auons & deuons auoir pour
vous ; nous serions bien ayse d'a-
uoir le bien de vous voir, s'il se pouuoit sans vous incommoder, ie fi-
nis la presente parce que c'est la
nuict que nous l'escriuõs ne l'ayant
sceu faire plustost. Ie vous supplie
tres-humblement vous souuenir
de nous en la naïssance du petit
I E S V S : vous sçauez l'obligation que
nous luy auons, & il sçait les desirs qu'il nous donne pour vous deuant luy.

IE supplie l'amour de l'enfance de Iesus estre la vie de vostre ame, nous sommes en quelque disposition sur la veuë de nos fautes, mais ie pése que ce n'est pas en bonne maniere, parce qu'elle ne me porte pas tant à Dieu, côme à quelque descouragemét & en la croyance que ie suis grandement affoiblie, & máqueray de plus en plus à Dieu, & plusieurs autres choses semblables, que ie ne vous puis escrire : ie suis fort en peine craignant ne pouuoir satisfaire, & estre indigne de la misericorde diuine, car ie ne trouue en moy chose qui me donne aucune confiance, ie ne sens point l'vsage de moy-mesme, & ne sçay du tout quelle ie suis, ne receuant se-

cours du Ciel ny de la terre : il me
semble porter quelque secrette occupation , mais qui m'est tout a
faict incogneuë , & me rend fort
necessiteuse de vos sainctes prieres.
Pour le doute où vous estes ie croy
que Dieu veut que vous trauailliez
en l'affaire que nous mandez , &
qu'en ce faisant vous luy rendrez
seruice : ie le supplie vous faire la
grace d'accomplir toutes choses
comme il le demande de vous, &
vous supplie de croire que nous ne
vous oublions pas deuant Dieu & la
saincte Vierge, ie vous supplie tres-
humblement nous faire la mesme
charité s'il vous plaist.

Lettre dixneufiesme.

IEsus-Christ souffrant soit la force & la sanctification de vostre

ame. Nous auons receu ce matin la
lettre qu'il vous a pleu nous escrire,
laquelle nous a grandement tou-
chee, & me feriez pitié n'estoit que
ie sçay que telle est la volonté de
Dieu pendant cette vie sur vous
pour le bien & sanctification de
vostre ame. La creature n'est rien
& tout ce qu'elle peut porter est peu
de chose, c'est pourquoy nous ne
nous y deuons point arrester, mais à
Dieu qui permet la peine sans auoir
nul esgard à elle, ny à tout ce qu'elle porte, les souffrances seules de l'a-
me de nostre Seigneur doiuét estre
pesees & considerees, & encore que
les vostres portent en soy quelque
peril, vous ne deuez pas laisser de les
luy offrir, les embrasser, & vous
soufmettre à les porter par abandon entre ses sainctes mains, espe-
rant (comme aussi ie le croy par sa
grace)

grace) qu'il ne vous en donnera pas
plus que ce que vous en pourrez
porter, mais de temps en téps vous
fera ressentir les effects du soin & de
l'amour qu'il a vers vostre ame. Vostre lettre m'a faict souuenir de ce
que i'ay porté ces iours passez, ayant
des pensees sur vous qui me donnoient beaucoup de peine, & auois
grand desir de vous escrire, mais ie
n'ay sceu, m'estant impossible de le
faire si les choses ne me sont donnees de Dieu pour cela, ie pense dóc
vous deuoir dire maintenant quelque chose de ce qu'il a pleu au bon
Iesus nous faire cognoistre sur l'e-
stat que vous portez, c'est que vous
deuez par iceluy honneur particulier à sa saincte enfance, desirant receuoir par elle les qualitez interieures qui vous doiuent preseruer des
dangers de ce qui vous trauaille, re-

ceuant par la priuation que cét enfant a voulu porter d'entendre, sentir, & sçauoir les choses de la terre,
ou plustost par l'amour qui l'a faict
assubjectir à ces choses, que vous
souffriez dis-ie l'ignorance & des-
goust des choses de la terre, n'ayant
intelligence que de Dieu, & des
choses diuines, & nullemét de tout
le reste, ny mesme de ce qui vous
faict peine, ie me donne & sacrifie
toute à Dieu pour vostre ame, le
suppliant de vous estre à iamais toutes choses.

Lettre vingtiesme.

IE supplie Iesus Christ de fortifier vostre ame, dans les besoins
qu'elle en peut auoir, contre ce qui
la pourroit empescher d'entrer dás
les graces qu'il vous presente. Ne

foyez s'il vous plaift en peine d'aucune des chofes que nous mandez,
ny de toutes celles qui fe pourroiét
prefenter auec quelque apparence
que ce puiffe eftre, mais demeurez
húble deuant Dieu, comme n'ayant
capacité que de fouffrir, & cela en
hommage aux fouffrances de Iefus-
Chrift, comme vous fçauez qu'il le
demande de vous, ie vous prie que
voftre ame ne f'ouure à raifon quelconque, qui l'en puiffe deftourner,
mais fermez-la autant qu'il vous fera poffible, afin qu'elle foit toute
ouuerte à Iefus-Chrift, & à fes graces & operations fainctes, c'eft ainfi
qu'il vous veut, & ie vous prie de
luy donner voftre volonté pour cela. Nous auons efté fi malade que ie
penfois en mourir, mais le bon
Dieu ne veut pas que ie meure fi ai-
fe, car mes pechez font trop gráds,

il faut que i'y satisfasse en la maniere qu'il plaira à sa misericorde ordonner sur nous : i'ay eu regret de
ne vous auoir peu parler comme
vous le desiriez & nous aussi, mais
nostre Seigneur nous a voulu mortifier, son sainct nom soit beny qui
permet & faict toutes choses afin
que nous ayons dequoy nous aduancer pour croistre en son amour,
car celuy que nous aurons en cette
vie nous l'aurós dans le Ciel si beaucoup, beaucoup, si peu, peu, c'est
vne des choses qui me touche le
plus, m'en voyant si esloignee comme ie suis, i'ay donc bien veu par
cette occasion que ie n'estois pas
encore morte par les ressentimens
que i'en ay eu, i'espere qu'ils nous
profiterót moyennant la grace du
bon Iesus, & vos sainctes prieres.

Lettre vingt & vniesme.

IE supplie noſtre Seigneur vous
donner nouuelle force en ſon
amour: ce mot eſt pour vous aſſeu-
rer que nous auons ſoing de prier
Dieu pour ce que vous nous auez
commandé, ſurquoy le bon Ieſus
nous mortifie vn peu, nous laiſſant
en ignorance de ce qui en ſera, la
bonne ſainte Magdelaine nous a
faict beaucoup de graces, mais elle
nous les a long temps tenuës cachees, ſinon depuis peu que nous en
auons reſſenty quelques effects, &
eu quelques teſmoignages, ie croy
que noſtre Reuerente Mere vous en
peut mander quelque choſe : il ſe
paſſe pluſieurs choſes en nous de la
part de Ieſus. Chriſt ſur leſquelles
ie vous ſupplie nous ayder de vos

prieres à ce que ie luy puisse corres-
pondre auec fidelité. L'esperance
de faire nostre reigle auant mourir
nous continuë tousiours, ie le desire grandement, & vous supplie de
prier Dieu qu'il nous en fasse la grace, & que ie n'y mette point d'em-
peschemenr , ce que ie desire que
vous demandiez à Dieu pour le reste de nos iours, c'est qu'il me fasse
misericorde, qu'il me mette en sa
grace & que ie n'en sorte iamais,
qu'il accomplisse sa saincte volonté en moy en la terre, comme elle
s'accomplit au Ciel & son amour,
& que i'accroisse tous les iours à
chasque moment en ce sainct a-
mour, & en sa grace , qu'il me donne part en la simplicité de sa saincte
enfance, & qu'il nous rende digne
d'auoir quelque participation à ses
souffrances, voyla (puis que vous

l'auez desiré sçauoir) les souhaits de
la pauure pecheresse qui desire fort
voftre salut.

Lettre vingt-deuxiefme.

IE supplie Iesus-Chrift d'eftre la
vie de voftre ame pour iamais.
Nous luy auons recommandé ce
que vous nous auiez dict, ce qu'il
nous femble eftre de fon vouloir
fur vous, eft que vous foufmettant
aux peines qu'il permet vous arriuer, vous rendiez hôneur à fes fouffrances tant cogneuës qu'incogneuës, ie me fuis grandement
refiouye de voir fur cela fa volonté
fur vous, ie le tiens pour effect de fa
mifericorde & de l'amour qu'il vous
porte, & le fupplie vous faire la grace de luy eftre fidelle, comme ie l'ef-
pere en fa bonté, vous fçauez en

quelle maniere vous le deuez estre,
vous abandonnant tout à luy, ac-
ceptant ses sainctes volontez, &
luy donnant la vostre : ne soyez en
peine de vostre estat nous en sçauons graces à Dieu plus de nouuelles que vous mesme, il est tel qui le
desire, soyez s'il vous plaist contente, de ce qui le contente, puis que
vous n'auez que luy seul à contenter, retirez vous à luy à ce qu'il vous
tienne par sa presence & par sa
puissance sur vous, & quant il ne
vous restera pas pouuoir de prendre ses pensees, offrez l'estat de vostre peine à Dieu, au lieu de tout ce
que vous feriez, si vous en auiez le
pouuoir, n'ayez point de peine n'y
d'inquietude par vous mesme d'aucune chose qui vous puisse arriuer,
l'inquietude ne remedie point à nos
besoins, mais la patience & souf-

miſſion parfaicte à Dieu, ie le ſupplie vous la donner.

Lettre vingt-troiſieſme.

IE ſupplie la Trinité ſaincte lier
toutes nos ames à elle ſelon l'immenſité de ſon pouuoir, & de ſes
diuines volontez. Adorons cette
immenſité, & aymons celuy que
nous ne cognoiſſons ny nevoyons,
mais qui remplit le Ciel & la Terre,
& qui a toutes choſes en ſoy, ne viuons plus & meſme ne ſoyons plus
qu'en luy, que par luy & pour luy,
& nous rendons tout en vn oubly
& aneantiſſement de tout ce que
nous ſommes, & de ce qui n'eſt
point luy. Nous auons receu la voſtre auec conſolation de vous voir
touſiours en la Croix, & en ce ſainct
& ſouffrant exercice, eſtant par ce

moyen plus semblable à celuy qui
vous la donne, pour vn bien qui
vous est incogneu, ie loüe infinie-
ment nostre Seigneur des dispositions qu'il vous donne pour la receuoir & la porter, & le supplie vous
continuër son assistance, comme
i'espere qu'il le fera. Ne doutez
point sur ce que nous mandez, ce
que ie vous ay dict sur cela, ie le
vous confirme & redis de nouueau, & vous enuoye vn billet que
nous auons tiré pour vous le iour
de l'Ascension, nous en faisons
ceans ce iour là, sur les mysteres de
la vie de nostre Seigneur, pour voir
ce qu'il nous laisse s'en allant au
Ciel, & auons soing de l'honorer
particulierement en ce qui nous
eschet le reste de l'annee, nous
n'oublierons point tout ce que
vous nous mandez s'il plaist à Dieu,

priez-le pour nous ie vous en supplie.

Lettre vingt-quatriesme.

IE supplie nostre Seigneur d'e-
stre vostre force dans le mal &
les trauaux que vous portez. Nostre Reuerente Mere nous a com-
muniqué la lettre que vous auez
pris la peine de luy escrire, par laquelle vous luy mandez les extremes douleurs que vous souffrez,
desquelles nous auôs vn tres-grand
ressentiment, non que ie ne vous
croye bien-heureuse & contente,
puis que vostre estat est conforme
à ce que vous desirez tant, qui est de
souffrir, & au dessein qu'à le bon Iesus de vous faire honorer ses souffrances par les vostres, mais à cause
du mal que vous portez auec telle

extremité, qui sera cõduit par la diuine prouidence selon qu'il vous a
faiĉt dire autrefois, vous soulageant
lors qu'en aurez plus de besoin, encore qu'il y en ait moins d'apparence ; vous n'auez encore congé d'aller au Ciel, il faut languir & souffrir
dauantage auant que vous y alliez
iouyr, si vous estiez maintenant
icy ; ie vous dirois bien des choses,
& me plaindrois à bon escient de
vous sur ce subjeĉt, mais ie passeray
mes plaintes toute seule : ie pensois
auoir le bien de vous voir auant
qu'entrer en retraitte, mais le bon
Iesus ne l'a pas voulu, nous commencerons d'y entrer Samedy prochain iusques à l'Octaue de sainĉte
Magdelaine, ie vous supplie ne prédre point la peine de venir durant
ce temps, & de prier Dieu & cette
bõne sainĉte pour nous, ie ne man-

queray pas de la prier souuent pour
vous, à ce qu'elle vous obtienne part
en la force de l'amour qu'elle a receu au pied de la Croix, ie dirois volontiers, & en la mesme Croix de
son cher maistre, qu'elle a si parfaictement & éminemment portee &
honnoree: mais sçachant que vous
y auez desia bonne part, ie me con-
tenteray de vous demander amour
& force, à ce qu'en toutes vos douleurs & peines vous soyez plus adherente à celles de Iesus-Christ, & à
ses diuines operations en cette sienne aimante que dans vos sentimés:
ie prie Dieu vous en faire la grace,
& que vostre cœur soit vniquemét
possedé de luy pour iamais, & le nostre aussi s'il luy plaist.

Lettre vingt-cinquiesme.

LE bon Iesus sanctifie vostre
ame pour iamais. Nous auons
receu la vostre & auõs veu le doute
où vous estes, que nous vous ayons
oubliee, ie vous supplie de croire
que ie vous suis tousiours la mesme deuant Dieu, mais ce qui nous a
empeschee de vous escrire, est que
nous nous sommes trouuee mal
tous ces iours, & encore auiour-
d'huy ay-ie pensé ne pouuoir communier, mais à la fin le bon Dieu
nous en a faict la grace. I'ay eu consolation tres-grande de ce que vous
nous mandez, qu'il a pleu à Dieu
vous donner ayde & force par ce
qui vous a esté dit, car tout ce qui
vous contente & profite nous est
contentement : Dieu faict bien pa-

roiſtre que c'eſt ſa grace qui opere,
& non celle de qui il ſe ſert, ce qui
nous oblige de nous tenir puremét
à luy, ſans engagemét dans les crea-
tures, qui ne nous ſont bien ſouuent qu'empeſchement à luy : n'entrez pas s'il vous plaiſt dás les craintes que Dieu vous oublie, encore
que vous ne voyez pas des effects
manifeſtes ſelon voſtre deſir, il faut
demeurer fidelle & perſeuerante en
cét eſtat penible & incogneu, vous
abandonnant à la puiſſance ſecret-
te, de celuy qui ſouſtient, & ſe rend
gloire à ſoy-meſme, en vous, &
ſans vous, ſe contentant qu'en patience vous vous ſupportiez auec
confiance en ſa bonté, vous aſſeurant qu'au temps où vous le voyez
& ſentez le moins, c'eſt lors que
ſans ceſſe il vous regarde, & eſtablit
en voſtre ame ſon amour pur, fort,

& puissant, qui est-ce que vous cherchez & desirez. Vostre lettre nous
a seruy grandement pour nostre
particulier, & nous a de nouueau
faict voir quelque chose du dessein
de Dieu sur vous, dont ie ne vous
puis rien dire dauantage, sa volonté
estant tousiours que vous portiez
ses ordonnances auec ignorance
en cette vie, ie vous diray seulemér,
que ce que i'ay veu deuant Dieu
nous a toute occupee, & remplie de
ioye & d'actiõ de graces pour vous
en sa presence : soumettez vous dõc
à demeurer en la veuë de vostre
pauureté, laissant le Createur de
toutes choses en possession de tous
ces biens, dont il vous reserue la
iouyssance d'autant plus abondan-
te en l'eternité, que plus vous souf-
frirez en cette vie pour son amour.

Lettre

Lettre vingt-sixiesme.

IE supplie noſtre Seigneur diſ-
poſer voſtre ame à receuoir toutes les graces qu'il deſire vous donner par ſon amour. Nous auons receu celle que vous auez pris la peine de nous eſcrire, laquelle nous a
conſolee nous aſſeurant de voſtre
ſanté, & de la continuation de voſtre charité vers nous, bien que i'en
ſois tres-indigne, ie vous ſupplie
tres humblemẽt de continuër pour
l'amour du bon Ieſus, nous ferons
le meſme pour vous moyennant ſa
grace : nous ne nous portons pas
bien pour le corps, & pour l'ame
encore plus mal par mes imperfe-
ctions, i'ay beſoin de vos prieres
plus que iamais, ie ne pẽſe pas pour-
tant eſtre ſi proche de partir de cet-

re vie, comme il semble que vous
craignez, il nous faut bien souffrir
dauantage que ie n'ay faict, helas ie
n'ay encore rien souffert, ie vous
supplie de prier nostre Seigneur
qu'il luy plaise m'en rendre digne
encore que ie ne le merite pas, mais
que par misericorde il le fasse, c'est
ce que ie croy plus souhaitable en
la terre, & ce pourquoy seulement
ie suis contente d'y demeurer puis
qu'il plaist ainsi à Dieu. Ie ne sceu
hier vous escrire comme vous desiriez, ie vous supplie tres-humblement nous en excuser, i'espere que
nostre mal ne sera rien, & qu'en
peu de temps nous aurons le bien
de vous voir, ne craignez s'il vous
plaist que nos petits maux nous
ostent le souuenir de vous deuant
Dieu, ie m'oublierois plustost moy
mesme, ie vous supplie de le croire

& que voſtre ame nous eſt chere deuant luy. Ie ſuis en fort grande
peine ſur quelque ſubject, pour lequel ie vous ſupplie demander à
Dieu qu'il nous eſclarciſſe & nous
faſſe miſericorde, & de noſtre coſté
nous cõtinuërons, moyennant ſon
aſſiſtance, le ſoin qu'il veut que i'aye
de vous en ſa preſence.

Lettre vingt-ſeptieſme.

LE doux Ieſus augmente ſon
tres-ſainct amour pour iamais en voſtre ame. Nous auons
bien penſé à ce que nous diſions
hier, touchant la perte que nous
faiſons de nous en Dieu, perte qui
regarde meſme les choſes plus im-
portantes, plus vtiles & en quelque
ſorte neceſſaires ce nous ſemble au
bien de noſtre ame, & à noſtre per-

fection : cette perte n'a point de fin
& n'a point de borne, que celle que
Iesus-Christ y veut mettre, selon
l'estenduë de son vouloir, & le dessein qu'il a de nous tirer en luy, car
cette perte n'est autre chose que
sortir hors de nous mesme, pour
entrer en Iesus-Christ, ie parle à
vous qui cherchez & faictes ce qui
vous est possible pour plaire à Dieu,
ie dis dóc que cette perte nous faict
trouuer dans Dieu, ô que c'est vne
tres-heureuse perte, mais qu'elle
doit estre perseuerante, elle ne doit
auoir fin qu'auec nostre vie & lors
nous entrerons en pleine possession
de celuy pour lequel nous nous serons quittees, c'est vn trauail sur lequel se trouue peu à dire, mais beaucoup à faire. Ie ne sçay si vous estes
comme nous, prions s'il vous plaist
l'vne pour l'autre, puis qu'il a pleu

au bon Dieu nous faire voir ce qu'il
veut de nous, à ce que nous luy
soyons fidelles iusques à la fin, &
qu'il nous fasse entrer aussi auant &
pleinemét en cette perte, qu'il veut
que nous y soyós, voila le desir que
i'ay pour vous, ie ne doute point
que ne l'ayez aussi pour nous. Nostre Reuerente Mere & nous auons
esté bien-ayse de ce que nous mandez de Monsieur l'Euesque de Ge-
neue, & desirerions grendement a-
uoir le bien de l'entendre prescher,
si vous le pouuez obtenir, no° vous
en serons toutes grandement obli-
gees, & prierons Dieu vous en estre
eternelle recompense.

Conclusion ou fin sur ce que dessus.

Nous concluons donc tout
ce discours, & finirons cet-

re œuure, en disant que nostre Seigneur accomplit par cette bonne
Sœur, ce qu'elle auoit promis apres
sa mort , disant à quelques vnes
qu'elle ayderoit aux personnes tra-
uersees & trauaillees de tentations,
car plusieurs bonnes ames estant
cõbatuës de diuerses sortes de tem-
pestes & d'orages interieurs, ayant
recours a elle en ont senty tres grãd
secours, & ont escrit au Monastere
où elle est morte pour auoir quelque chose, & le porter par deuotiõ:
en sorte que tous ses Chapellets ,
Images, Medailles,& habits ont esté
tous distribuez , & sont tenus en
grande reuerence, par ceux qui les
ont receu. Elle continuë aussi à se
rendre quelque fois presente à ceux
qui ont recours à elle , & qui la priét
d'interceder pour eux vers Iesus-
Christ, & assiste tous les iours beau-

coup de personnes, en vne infinité
de choses diuerses & notables, qui
n'ont peu estre escrites pour estre
encore viuantes, & qui ne desirent
que cela soit diuulgué. Nous sup-
plions nostre Seigneur de vouloir
exaucer de plus en plus cette sienne
seruante, & qu'elle puisse obtenir
quelque part en son esprit, à ceux
qui liront sa vie & qui auront deuotion à la grace de Iesus-Christ, en
elle & à ses vertus. Ainsi soit-il.

F I N.

ACTES INTERIEVRS
par lesquels cette saincte ame hon-
noroit l'enfance de Iesus
dans ses trauaux.

DVRANT les trauerses que porte mon ame ie dois honnorer soigneusement & perseueramment la tres-saincte enfance de Iesus qui veut viure en moy, & y establir son throsne & sa puissance par les mesmes effects, & dans les mesmes effects contraires que ie souffre. I'honnore encore les voyes & les volontez de Iesus sur mon ame, & m'abandon-

Q

ne à tout ce qu'il luy plaist d'ordonner sur moy, ie me rends toute à l'a-
neantissement interieur que cette
saincte & diuine enfance de Iesus
daigne & veut operer en moy, ie
suis contente qu'elle m'aneantisse
toute, & ie m'applique à elle pour
estre aneantie par elle, ie desire n'e-
stre plus qu'vne capacité de l'enfance de Iesus, remplie, possedée toute,
& viuifiée par icelle afin que ie puisse dire vrayemét, (IE VIS NON MOY)
mais l'enfance de Iesus en moy, Ie
refere à l'hommage de cette enfance, & à la vie de cette enfance, tout
ce que ie suis en l'ordre de nature &
de grace, tout ce que i'opere, porte,
& souffre en toutes les manieres
que ce soit, & de quelque part que
ce soit, & ie m'applique toute à cette enfance pour estre toute à elle, &
en elle, & pour participer à toutes

ses qualitez, & specialement celle
que, ô Iesus & voftre saincte Mere, sçauez que ie souhaite pour mő
ame singulierement; l'honnore la
part que la saincte Vierge a eu en
cette saincte enfance de Iesus, & la
supplie en toute humilité qu'en
l'honneur de cette part rare & sin-
guliere qu'elle y a elle me conserue
la part que ie dois auoir à cette saincte enfance selon le conseil & dessein du bon Iesus sur nous.

Ie desire que sur le subject present que vous sçauez, ô mon Dieu,
ie rende vn honneur particulier à
voftre saincte enfance, ô mon Seigneur Iesus-Chrift, ie desire receuoir par icelle les qualitez interieures qui me doiuent preseruer des
choses qui me trauaillent, l'honnore particulieremét la priuation que
ce sainct enfant auoit d'entendre

sentir & sçauoir des choses de la terre ; par ce sien denuëment ie desire
participer à icelle n'auoir goust, cognoissance ny intelligence que de
Dieu, & des choses diuines, & nullement de tout le reste, ny de ce qui
me trauaille, & demande chasque
iour à ce tres-sainct enfant, & à sa
saincte Mere cette grace, ie luy demande aussi la cessation de ce trauail.

Ie m'applique toute à l'enfance
& saincteté de Iesus, enfance tres-
puissáte, saincteté tres-diuine, saincteté, source de la saincteté de sa
tres-saincte Mere en vne maniere
tres-sublime, & que ie desire particulierement estre reuerée de mon
ame ; de cette source aussi se deriue
cette qualité admirable en l'enfance de Iesus, sur laquelle ie suis com-
batuë, & que ie vous supplie, ô Ie-

sus, appliquer à mon ame en la maniere qu'il est possible , ie m'hu-
milie deuant vous, ô Iesus, en hommage à vostre enfance, à vostre pureté , à vostre saincteté, & à tout ce
qu'il vous plaist que i'honnore de
vous, ie vous prie que par misericorde vous daigniez m'appliquer l'estat
& l'esprit de vostre enfance & pureté: I'adore la pureté, la simplicité,
la saincteté de la diuine essence vnie
à l'humanité sacrée en vne maniere ineffable, Et ouure mon ame à
tous les effects que cette saincte humanité d'aignera d'operer en moy,
ie me separe toute des esprits & des
effects malins qui m'occupent, &
encores plus de moy-mesme pour
n'estre à iamais qu'vne capacité de
Iesus & de Marie.

Q iij

Sur le mesme subject.

EN l'honneur de la saincte enfance de Iesus, ie vous prie, ô
mõ Dieu, que mes trauaux & combats soient aneãtis, & tout ce qui en
moy à rapport aux efforts malings
que ie supporte, & tout ce qui a esté
deffectueux de ma part en l'estat de
mon ame au regard d'iceux, afin
que mon ame soit renduë capable
de vous, ô Iesus, & de vos vouloirs &
pouuoirs sur moy que i'aye repos
en vous & vous en moy, & que ie
sois toute assubjectie à vostre captiuité, ô Iesus, prenez & m'appliquez
toute la puissance que ie puis prédre
dans la pureté de vostre tres-saincte
enfance pour me mettre en l'estat
de captiuité de vous, ô Iesus, selon
que le daignez vouloir de moy, re-
nouuellez la puissance & la force en

mon ame de cette qualité que vous
sçauez, ô mon Dieu, afin qu'elle ne
puisse estre tant soit peu diminuée
en moy, Et en l'honneur de cette
mesme qualité emprainte en l'enfance de Iesus en vne maniere toute diuine & particuliere : Ie vous a-
dore, ô Iesus, en vostre enfance en
la saincteté d'icelle en la puissance
de cette enfance, & generalement
en tout l'estat de cette vostre diuine enfance.

Acte en l'honneur de la vie souffrante
de Iesus.

EN l'honneur de la vie saincte
souffrante & incognuë de Iesus, i'offre mon ame & mon estat
present à Dieu & à son Fils vnique
Iesus-Christ nostre Seigneur, & ie
luy faicts cét offre pour mon ame,
& la faicts par dessus les empesche-

mens que ie porte, ie lie mon ame à
Iesus & sa tres-saincte Mere & à la
vie interieure de Iesus & de Marie,
& aux poincts de la vie interieure de
Iesus & de sa tres-sainte Mere qu'ils
veulent estre hónorez de moy sans
que i'en aye cognoissance, i'accepte
cette obscurité & consens de porter
en humilité & patience la nudité
intime & tres-intime à laquelle ie
suis reduite en l'honneur des choses
sainctes & diuines, dont l'ame & la
vie diuine de Ies° a esté dénuée pour
hónorer en maniere ineffable le pere Eternel par cette voye peu cognuë & experimentée de nudité : Ie
porte encore l'estat penible que ie
souffre en l'honneur de l'estat penible, mais tout diuin que l'ame de Iesus a porté pour honnorer le Pere
eternel par souffráces interieures &
diuines.

FIN.

APPROBATION DE
Monseigneur l'Archeuesque de Sens.

NOus Archeuesque de Sens, certifions auoir leu ce petit liure intitulé *La vie de Sœur Catherine de Iesus, Religieuse de l'Ordre de Nostre Dame du Mont-Carmel estably en France, selon la reformation de Saincte Terese de Iesus, ensemble un recueil mis à la fin des lettres & escrits d'elle mesme :* où nous n'auons rien trouué qui ne soit non seulement conforme à la foy & doctrine de l'Eglise, mais encor si plein de pieté & d'vtilité pour la conduite & la perfection des ames que nous estimons que de ne le pas mettre en lumiere, ce seroit cacher la lumiere dessoubs le muid, & que ceux qui le liront dans l'esprit de pieté auront

R

ſubject de luy dire auec noſtre Seigneur, *Abſcondiſti hæc à ſapienti-*
bus, & reuelaſti ea paruulis. Faict à
Paris, ce 6. Iuillet 1628.

OCTAVE DE BELLEGARDE,
Archeueſque de Sens.

APPROBATION DE
Monſeigneur l'Eueſque
de Pamies.

NOus Eueſque de Pamies, ayất
leu auec beaucoup de con-
ſolation *La vie de Sœur Catherine de*
Ieſus, Religieuſe Carmelite, auec quelques ſiens eſcrits & lettres imprimées
naguere en cette ville de Toulouſe, &
admirant la ſublimité des graces diuines à laquelle ſa profonde humi-

lité & bruſlāt amour de la Croix de
noſtre Seigneur l'ont eſleuée; nous
les auons iugez dignes d'eſtre auſſi
communiquez par nouuelles edi-
tions aux autres Prouinces de ce
Royaume; afin d'exciter vn chacun
à demander à Dieu le meſme eſprit,
pour pouuoir au moins recognoi-
ſtre auec quelle patience & ſoubſ-
miſſion nous deuons ſupporter les
peines & trauaux qu'il plaiſt à Dieu
nous enuoyer. Faict à Toulouſe, le
12. d'Aouſt 1628.

HENRY E. de Pamies.

APPROBATION DE

Monsieur Daultruy, Docteur de
Sorbonne , & Professeur
en Theologie.

L'Esprit de Dieu est vif en ses pensées, subtil en ses discours, & tres-aigu en ses œuures, que s'il rencontre autant de correspondance qu'il a de lumiere, de semonce & d'attraction, il rend les ames Cherubines en sçauoir, Angeliques en entretiens, & Seraphines en Charité : voire qu'il arriue quelquesfois que son impetuosité leur fait quitter les sens & les operations intellectuelles, les objects sensibles & intelligibles, auec toutes les choses qui ne sont pas, & qui sont pour les rauir par vn moyen incogneu & incomprehensible, à

celuy qui est pardessus tout estre,
l'homme animal & sensuel qui ne
sçait pas que ce feu sacré & immateriel consomme & aneantit secrettement en elles tout ce qu'il y a de
terrestre, pour en tirer vne quintessence toute Diuine , s'en mocque,
s'imaginant qu'il y a de la manie en
ces accés de l'entendement, de la volonté & de l'œuure : Mais le Spirituel qui juge de tout sans appel,
comme parle l'Apostre, & qui en a
l'experience, les croit & les reuere
en silence.   Cét Esprit donc qui
approfondit ainsi tout ce qui est de
Dieu, & lequel est si creux en ses
conseils, si vaste en son pouuoir, si
diuersifié en ses impulsions, n'a cessé & ne cesse encore d'année en année de pousser des emissions miraculeuses de saincteté extraordinaire en l'Ordre de NOSTRE

DAME du Mont-Carmel estably en France, selon la Reformation de Therese de Iesus, & comme s'il estoit deuenu ce Paradis de Nard, de Cypre & de Grenade de l'espoux, prend plaisir d'y faire ses plus agreables demeures, pour le voir subsister en sa ferueur originelle & en sa pureté primordiale. On sçait donc comme toute la France a veu ces années passées auec admiration, quelques-vnes de ces nouuelles emissions, qui ont mesme pullulé au delà des Alpes & des Pyrenées. Mais estant ce jourd'huy tombé dessus l'extraict de la vie de Sœur CATHERINE DE IESVS, qui a poussé en son rang dedans ce verger de l'espoux. Ie l'ay admirée comme vn bel Oranger, qui est chargé en mesme temps de fleurs & de fruicts, non que i'aye

eu l'honneur jamais de l'auoir veuë
& de participer à ses admirables
conferences, qui diuinisoient ceux
qui la practiquoient : Mais c'est
que cette bien heureuse , viuante
maintenant au Ciel & à la Gloire,
je la voy souuent en ses Sœurs qui
sont heritieres de ses sentimens, &
au recueil de ses pieux escripts, &
de quelques-vnes de ses Lettres qui
sont de tres-viues images de sa bel‑
le ame , benissant Dieu & le juste
IESVS-CHRIST, de ce qu'il a choisi vn subjet si tendre & si fresle,
pour triompher de ce qui est le
plus fort, & d'auoir fait de nos jours
vn chef d'œuure de Sainčteté , qui
merite d'estre exposé en veuë dessus
le pinacle de l'Eglise. Veux-tu donc
voir (Philotée) vne Carmelite toute blanche d'innocence, dépoüillée
de tout ce qui n'est pas Dieu, pour

R iiij

viure immobilement en luy, tranf-
muée en pur efprit , confite en la
fcience des Sainćts, perduë & abyf-
mée dans l'Eternité incréee, à force
de fortir d'elle-mefme, & d'entrer
en des vnions fur-celeftes & fur-ef-
fentielles, durant lefquelles elle ef-
coute fententieufement des veritez
occultes & inenarrables, qui ne fe
reuelent point au refte du monde,
ly à loifir le Recueil de fes pieux
efcrits & de fes Lettres, & fi tu n'és
pas capable de voir de fi prés les ef-
clairs de cette haute môtagne , pendant que la Majefté de Dieu y demeure pour l'entretenir. Conten-
te-toy de regarder de loing la re-
uerberation de leur fplendeur. Car
je foubfigne moy Doćteur en la Faculté de Theologie , & Profeffeur
des Sainćtes lettres aux Efcolles de
Sorbonne, que l'on ne peut parler

des mouuemens sacrez de l'Esprit
de Dieu, des voyes occultes & ins-
crutables, qu'il descouure aux ames
d'eslite, des Mysterieux entretiens
de l'Espoux & de l'Espouse du Can-
tique des Cantiques, plus Catholi-
quement, plus eminément, & auec
vn stile plus net, plus intelligible &
plus conuenable à la dignité du sujet que fait ce petit miracle de grace : quant à l'extraict de sa vie que tu
vois au deuant, il est voirement de
l'vne de ses Sœurs : Mais en le lisant
à loisir & en y ayât repensé par plusieurs actes de reflexion, j'ay creu y
auoir trouué la plume & l'esprit de
la defuncte, ce qui m'a persuadé ou
que le Pere des lumieres a pris plaisir de respandre à l'escart de mesmes rayôs de cognoissance, & d'ins-
pirer de mesmes poinctes de sentimens interieurs dessus ces deux Es-

pouses de l'Agneau sans macule, ou
que par vne secrette œconomie d'é-
haut, l'vne a tiré de l'autre ses lumie.
res & ses instructions. Si ce n'est que
comme l'on tient que S. Iean Chry-
sostome eust en partage de l'esprit
& des enthousiasmes de l'Apostre
S. Paul, à cause de l'ardéte deuotion
qu'il portoit à ce Vaisseau d'Eslection.   Ceste Sœur s'estant renduë
imitatrice de l'esprit & de la plume
de nostre Bié-heureuse, est deuenuë
par affection vne seconde Catherine de Iesus. C'est donc ce que je
souscripts de ce grád petit œuuure,
que je voy deuoir esleuer vn grand
nóbre de Sainctes ames aux degrez
les plus occultes & plus secrets de
l'Oraison.   Souscription que j'ay
faite ce 19. Iuillet, jour du Seraphiq;
Docteur S. Bonauenture, l'an 1628.

IEAN DAVLTRVY.

APPROBATION DE

Monsieur d'Hardiuillier Docteur de Sorbonne, & Curé de S. Benoiſt.

IE ſouz-ſigné Docteur en la ſa-crée Faculté de Theologie de la ſocieté de Sorbonne, certifie auoir leu ce preſent liuret, qui porte pour tiltre *La vie de Sœur Catherine de Ieſus, &c.* Auquel n'ay rien trouué contre la foy & Religion Catholique, ny contre les bonnes mœurs, ains y ay recogneu de grandes marques d'vne vocation ſpeciale, & des ſentimens de Dieu, admirables & extraordinaires. Faict ce 2. d'Aouſt 1628.

P. D'HARDIVILLIER.

surpasse le sçauoir & la creance des
mondains, mais qui subsiste en la
lumiere de Dieu, & n'a pas esté incognuë aux Sainéts Peres, qui de
tout temps l'ont publiée par des effects de la main de Dieu sur les
sainéts, mais dont la vertu n'est
point abregée : pource il est tres-di-
gne d'estre exposé aux ames sainéles
& bonnes qui y trouueront vne
doctrine solide & des consolations
aussi vtiles que veritables, telle est
l'opinion que i'en ay & le tesmoignage que ie dois à la verité.

GRILLET.

Monsieur Despruetz, Prestre, Docteur en Theologie, & Chanoine de Xainctes.

LEs instructions comprises dás ce *Recueil des pieux escrits & lettres de sœur Catherine de Iesus* partent d'vne lumiere excellente & solide. Et l'histoire de sa vie est vne eschole de nouuelles esleuations, de nouuelles souffrances, & vn tableau de parfaicte fidelité aux diuers estats de la grace. On ne peut auec innocence priuer l'Eglise de ce thresor d'eminente vertu. En attendant que IESVS-CHRIST vienne pour estre glorifié en ces saincts, & estre rendu admirable en tous les croyás; 2.Thess.1. l'approuue que ce liure sorte du 10. Cloistre, & que la plume d'vne Re-

ligieuſe Carmelite enſeigne au pu-
blic la vraye ſubjection qu'on doit
aux myſteres & aux paroles de celuy, en qui toute la plenitude de la
diuinité habite corporellement . Coloſſ.
2.9.
Faict à Xainctes ce 15. Aouſt 1628.

BERNARD DESPRVETZ,
Preſtre, Docteur en Theo-
logie, & Chanoine de
Xainctes.